思弁の律動

思弁の律動

〈新たな啓蒙〉としてのヘーゲル思弁哲学

阿部 ふく子著

知泉書館

実のところ、社会というやつ、ひとはそれを自己のうちに蔵しているのだ。すべてがそれによって始まりそして終わり、しかもそれは個人個人の中にしかないのだ。このこと、それはおなじみの不一致、孤独と隣接との苦しい弁証法である。ある種の幻想を育てるのは無用である。あらゆる社会的なつとめはそれなりの利己主義の部分を含んでおり、あらゆる隠遁は人間の一般性の徴候であるのだ。われわれはこの環の囚人である。特異なものは普遍的なものに回帰し、そして普遍的なものはつねに特異なものに帰るのだ。人間たちはヴェクトルではない。無限に向かってひらかれてはいない。彼らはごく微小な細片にすぎず、彼らが形づくり彼らを包括する全体の精確な似姿なのだ。一たらんと欲する者は多なのであり、彼が一であるのは多であることによってなのだ。

ル・クレジオ『物質的恍惚』

凡　例

一、（　）は引用文献の略号・巻号・頁数を表記する場合のほか、原語を併記する場合、原著や筆者による補足説明を記す場合に用いた。

一、〔　〕内は引用文献から訳出するさいに筆者が補った語句を表す。

一、〈　〉は語意や文意をとりやすくするために用いた。

一、引用文中の傍点は、とくに断りのないかぎり、原文のゲシュペルトに対応する。

一、引用・参照頻度が多い文献については下記の略号を用いた。

A　Friedrich Immanuel Niethammer, Von den Ansprüchen des gemeinen Verstandes an die Philosophie, In: *Philosophisches Journal einer Gesellschaft Teutscher Gelehrten*, Erster Band, Jena 1795, S. 1-45.

DH　Friedrich Heinrich Jacobi, *David Hume über den Glauben oder Idealismus und Realismus. Ein Gespräch*, Breslau 1787.

GA　Johann Gottlieb Fichte, *Gesamtausgabe der Bayerischen Akademie der Wissenschaften*, Stuttgart – Bad Canstatt 1962 ff.

GW　Georg Wilhelm Friedrich Hegel, *Gesammelte Werke*, in Verbindung mit der Deutschen Forschungsgemeinschaft, Hamburg : Meiner 1968 ff.

HM　Thomas Reid, An Inquiry into the Human Mind on the Principles of the Common Sense, In: *The Works of Thomas Reid* vol. 1, ed. by Sir William Hamilton, Bristol: Thoemmes Press, 1944.

HWPh　*Historisches Wörterbuch der Philosophie*, Joachim Ritter, Karlfried Gründer und Gottfried Gabriel (Hrsg.), 13 Bände, Basel: Schwabe 1971-2007.

KrV　Kritik der reinen Vernunft, In: *Kant's gesammelte Schriften*, Bd. III, Hrsg. v. Königlich Preußischen Akademie der

Wissenschaften (und Nachfolgern), Berlin 1911.

KS *Kant's gesammelte Schriften*, Hrsg. v. Königlich Preußischen Akademie der Wissenschaften (und Nachfolgern), Berlin 1900 ff.

PH Werner Hilbrecht, *Friedrich Immanuel Niethammer: Philanthropinismus - Humanismus*, Weinheim, Berlin, Basel: Julius Beltz 1968.

Sk G. W. F. Hegel, *Werke*, Hrsg. v. E. Moldenhauer und K. M. Michel, Frankfurt a. M.: Suhrkamp 1969.

SW *Schellings Werke*, Nach der Originalausgabe in neuer Anordnung hrsg. v. Manfred Schröter, München: Beck 1927.（巻号・頁数はオリジナル版に従う。）

目　次

第Ⅲ部　思弁と共同

第Ⅳ部　思弁の視野

思弁の律動

――〈新たな啓蒙〉としてのヘーゲル思弁哲学――

序論

本書の全体を貫く問いは「思弁（Spekulation）とは何か」である。

思弁という言葉にはどこか古色蒼然としたイメージがつきまとうように思われるが、それはおよそ二つの理由によるだろう。ひとつは、思弁がアリストテレス以来用いられてきた哲学の伝統的な思考様式であること。もうひとつは、現代の哲学においてこの言葉が積極的な意味で広く用いられることはもはやほとんどなくなり、その意味では時代のなかで忘却されゆく思考様式になってしまっているということである。

とりわけ後者の傾向は、思弁の否定と密接である。この思考様式を哲学的営為の核心に据える「思弁哲学」は、ヘーゲルにおいて哲学史上おそらく最後の全盛期を迎える。だがヘーゲル亡き後は、その逆を行く思考、つまり媒介する知の極致ではなく、どのようなかたちであれ人間に直接与えられている事象や物に定位する思考が主流となる。哲学の対象は、実存思想や実証主義、現象学、科学哲学とともに、「より具体的で現実的なものへ」とシフトし、こうした傾向をもった探究精神が、思弁というそれ自体捉えがたい思考を凌駕してゆくことになったのである。(1)

しかし他方で、哲学が自然科学・社会科学・生命科学などの諸科学、また常識に支えられた市民社会や日常の生活世界、感覚的世界等々における個別具体的な問題系に関わろうとすればするほど、それらの実質的内容に対する哲学の「抽象性」に直面するという逆説的な現象は今日ますます免れがたいものとして迫ってくる。仮に哲学が「より具体的で現実的なものへ」と向かっているのだとしても、〈哲学が多様で具体的な事象を対象として扱うこと〉と、〈哲学そのものが自らを具体化すること〉とは必ずしも単純に連続してはいないようである。哲学が経験的なものを越えて何事かを認識し語ろうとするかぎり、ここには思弁がふたたび顔を覗かせている。アドルノの言葉を借りるなら、「哲学は観念論を拒否した後でさえも（……）観念論が栄誉を授け、観念論とともに忌避されるようになった思弁なしで済ませることはできない」のである。(2) そうであるなら、哲学から思弁を放逐するその手前で、哲学に思弁的性格を認め、〈哲学は自らの抽象的・理論的性格をどのように人間的生の内実へと積極的に関わらせることができるのか〉という問題を当の思弁的思考がどこまで引き受け展開することができるのか、と「思弁哲学者」に問いかけ、その応答を吟味してみることは、現代においてあらためて思弁を考え直してみる上でけっして無益な探究ではないように思われる。

さて、ここで「思弁」の基本的な含意について簡単に確認しておきたい。思弁は、「見る」（specere, sehen, schauen）という言葉を語源とし、さらにこの原義は「（ある高い位置から）探り見る、探り求める」（speculari, spähen, auskundschaften）という意味に転じる。(3) 神学・哲学の概念史においては、「鏡」（speculum, Spiegel）という語と結びついて、「映す」という反省的認識作用を表す意味に発展し、〈精神や自然といった被造物のうちに神の映現を見る〉という、神の間接的な認識方法に位置づけられてきた。他方でまたそれとは別に、思弁は、学問区分および認識能力としての「理論《テオリア》」（アリストテレス）の訳語にも用いられてきた。

近世ではフランシス・ベーコンがスコラ哲学を念頭に、「哲学の思弁やドグマによって」学問が人間の生をよりよい豊かなものにすることはできないと述べ、思弁と経験的なものとの懸隔、ひいては経験的なものに対する思弁の空虚さをすでに指摘している。[4] だが思弁の認識能力としての可能性や限界がより詳しく画定されるようになるのはカントの理性批判とドイツ観念論においてであろう。カントは『純粋理性批判』の超越論的弁証論において、経験を超えた対象である理念（魂・世界・神）に関わる理論的認識を「思弁的（spekulativ）」と規定した。[5] 周知のように、カントは理性批判を通じて、思弁的理性が可能的経験の範囲を越え出て何か絶対的なものを具体的に捉えようとすることの危うさを説く。理性の思弁的使用は、理念を、悟性による経験的認識の多様に統一をもたらす統制的原理に制限するかぎりにおいて正しい。[6] しかし、理念を何か理性に端的に与えられた対象と見なし、可能的経験の範囲を超えて人間の認識を拡張させるような構成的原理と考えるのは誤りであって、そのような場合、思弁的理性は自己矛盾や欺瞞的仮象にとらわれることになるのである。

ドイツ観念論の哲学は、カントの批判主義を越えてまさしく絶対的な理念の領域の探究へと踏み出してゆくため、彼らの思弁理解は「絶対知」の規定と密接に関わっている。フィヒテとシェリングのあいだには、絶対者と絶対知の関係をめぐって激しい論争が交わされたが、詳細な経緯はここでは省略し、さしあたり思弁への直接的な言及として、シェリングの見解を抜き出しておこう。シェリングは『学問としての医学年報から』（一八〇六年）において、絶対的なものを神として明確に規定した上で、これを探究対象とする哲学的思弁を次のように規定している。

> 分析あるいは抽象と、綜合的な導出という二つの認識の方途しか学問に対して開かれていないのであれば（……）、私たちは絶対的なものの学問を一切否定しよう。神からは何も抽象されえない。というのも、神はまさに抽象されえないがゆえにこそ絶対的であるからだ。神からは、生成し生起するもの以外に何ものも導

出されえない。というのも、神はまさに一切であるがゆえにこそ神であるからだ。——思弁とはすなわち、神のうちにあるもの一切を見ること（Schauen）、考察することである。学問そのものに価値があるとすれば、それは、学問が思弁的であるかぎりにおいてのみ、すなわち神をあるがままに観照すること（Contemplation）であるかぎりにおいてのみである。

（SW. VII, 158）

シェリングの記述に従えば、思弁は、絶対的な理念を探究するにあたって、カントが指摘したように誤謬に陥るどころか、むしろそれを全体像においてあるがままに捉えることができるような、分析にも綜合にも依らない「見る」という直観的作用である。

このように経験的認識を高度に超え出るところに設定された思弁の捉え方に比べると、ヘーゲルの考える思弁の特徴として際立つのは、第一に、それが認識対象・認識主体両方の側面で経験と密接であるという点である。思弁の対象は、魂・世界・神といった形而上学的な理念に限られるのではなく、現実そのものである。また思弁は、知的直観ではなく、主体によるさまざまな認識経験を媒介としてはじめて獲得される。そして第二に、思弁は経験的なものと密接に関わりながらも、それ自体は思考としての抽象性をそなえていると言われる。詳細は本論で明らかにしてゆくが、さしあたりこの〈経験的なものへの視野に開かれた抽象的思考〉という一種の葛藤状態は、先に述べた哲学一般の思弁性への問いと重なり合う問題意識を含んでいるように思われる。哲学する主体が具体的なものと抽象的なものとのあいだでたえず直面する葛藤は、ヘーゲルの思弁の視野にはどのように映っているのだろうか。

本書では、ヘーゲル哲学における「思弁」の射程と意義について、この思考様式そのものの明確な定義づけを直接おこなうよりも、思弁的思考が他の諸々の思考と境界を接して際立つその生成的瞬間を捉えるという考察方法によって究明してゆく。なぜなら思弁は、ある静態的な思想の諸関係があるとき、そこに概念の「律動」を見て取ることで活動的になる思考だからである。

考察は以下の四部構成で進められる。

第Ⅰ部では、近代の啓蒙主義からドイツ観念論への移行期における哲学の本質的な展開に即して、ヘーゲルが思弁的思考を自らの哲学の核心に据えるにいたった思想的動機に注目する。知の具体性・多様性・公教性が重んじられていた啓蒙の時代に、なぜヘーゲルはあえて「秘教的な」思弁的思考を要請したのだろうか。この疑問を携えて、ラインホルト、シュミット、クルークといったいわゆる通俗哲学（第一章）や、彼らとは一線を画しつつも哲学に対する常識の要求を切実なものとして論じたニートハンマー（第二章）、また逆に哲学の秘教性を徹底的に重視したシェリング（第三章）、思弁理性による非現実的な推論に抗して常識や信念という自明な確信の領域を哲学の対象として切り開こうとしたトマス・リードやヤコービ（第四章）といったさまざまな立場との距離関係から、ヘーゲル哲学における思弁が、啓蒙以後の時代の〈万人の理性〉に対してどれほど具体的な視点をそなえていたかという点について検討する。

第Ⅱ部では、思弁が人間の教養形成（Bildung）とどのようなかたちで関わりうるかという問題について検討する。ヘルダーリン、シェリング、ヘーゲルは「ドイツ観念論最古の体系プログラム」（一七九五／九六年）において、〈哲学の神話化〉〈神話の哲学化〉という象徴的な表現を用いて、彼らの合一哲学の理念に合致した〈新たな啓蒙〉の可能性を見いだそうとしていた。啓蒙が本質的に人間の教育および教養形成と不可分であるとするなら、この実践的な観点は彼らの哲学構想のなかにどのようなかたちで組み込まれていたのだろうか。三者の体系構築そのものは異なる道をたどるが、ここではニートハンマーの新人文主義を触媒としながら、まずはヘルダーリンの啓蒙理念とシェリングの教養形成論を見ることで〈新たな啓蒙〉のコンセプトの行方を見定め（第五章）、次にヘーゲルの教育論から哲学体系の実践的な方法論について明らかにした後、学び・教えるという具体的な教養形成の文脈における思弁的思考の位置づけを確認する（第六章）。

第Ⅲ部では、思弁的思考と客観的精神（人倫）の関係について考察する。ヘーゲルの人倫概念は〈全体は本性上部分に先立つ〉というアリストテレスのテーゼに支えられており、その全体優位の発想はしばしば共同体論としての正当性をめぐって批判の的になる。ここでは、第Ⅰ部・第Ⅱ部で得られた結果も念頭に置きながら、ヘーゲルの人倫概念における先のテーゼの意味を詳しく検討し、思弁的に見られた全体が部分的諸契機とどのような関係をなしているのかという点（第七章）、またとくに人倫的自由の形成における承認のプロセスのなかで、近代以降けっして抽象化することのできない〈個〉の境位が、どのように固有のものとして確保されているかという問題について検討する（第八章）。

第Ⅳ部では、主として『エンチュクロペディー』（第三版、一八三〇年）における思弁の定義に即して、思弁的思考そのものの構造を扱う。思弁はヘーゲル哲学にとって不可欠の思考様式であるが、ヘーゲルはこの思考を単に従来理解されてきた特徴（経験を越えたものについての思考、抽象的な思考、知的直観など）のもとに捉えていたわけではない。ヘーゲルの思弁概念は、むしろそうした従来の規定における限界性や困難を射程に捉えており、それらが克服される文脈のなかでこそ真に解明されうる。この解明のために、まずは思弁の抽象性をめぐるヘーゲルの思考について考察する（第九章）。続いて、ヘーゲル亡き後、その理性主義の哲学に対して根本的な批判を展開し、後の時代のヘーゲル批判の支柱にもなっている後期シェリングの〈現実存在の哲学〉を取り上げて、両者の哲学の接点と差異および対話的理解の可能性について検討しようと思う（第十章）。相互に否定し合い矛盾に陥る対立項の規定を概念の律動へともたらし、この律動を成り立たせている全体を可能なかぎり展望することによってこそ、思弁の本領が試されると思われるからである。そして最後に、思弁的なものを語る言語の可能性について考えてみたい（第十一章）。

第Ⅰ部　啓蒙から思弁へ

「哲学とは何か」――哲学の自己規定をめぐるこの問いは、過去の歴史のなかでも今日においてもくり返し提起されている。愛智にはじまり、思考の思考、智慧の理念、諸学問の学問、概念の創造など、核心的な規定はすでに示されてきたが、哲学にとって知が対象であるだけでなく主体でもあり、なおかつ歴史のなかにあるかぎり、先の問いへの応答は非完結的でありつづけるだろう。しかし問いの行方はともかく、アプローチの仕方については、ある程度確かな思考の方向性があるように思われる。さしあたりそのひとつに挙げられるのは――哲学と他の諸科学、哲学とさまざまな文化や日常生活といったように――学問的であれ非学問的であれ他の諸領域との関係から哲学の自己規定を具体化しようとする試みである。そしてもうひとつのアプローチは、いま述べた学際的・実践的探究を認めつつも、そこからさらに自らの純粋な領域に立ち帰り、自律的思考を研ぎ澄ます試みである。哲学はそこで、概念を創造し、その諸条件を探究することにおいて、自己規定ひいては自己定立をおこなう。

こうして哲学には、あたかも円運動の遠心力と向心力のように、ある領域との境界なき境界のなかで自らの周縁を無限に拡張しながら、自らを中心に据えた思考を再構築してゆくという二重の営みが見られる。しかし、哲学の自律性と他律性というこうした二つの傾向が織りなすダイナミズムは、当然のことながら、じっさいつねに両者の均衡が保たれるとか、どちらか一方が優位を保つといった性質のものではないであろう。むしろ、それらの不均衡が引き起こす揺らぎそれ自体にもまた、哲学の領域は広がっていると考えられる。――とりわけ第I部の根本的な関心は、このいわば葛藤の領域に生じる哲学の内実を捉えることにある。

さて、一八世紀ドイツの啓蒙主義からドイツ観念論にかけて取り組まれた哲学の自己規定をめぐる問いもまた、中心から周縁へ、周縁から中心へと向かうひとつの運動であったということができる。それは端的に、哲学の公教性（Exoterik）と秘教性（Esoterik）という言葉で表すことができるだろう。近代哲学は、広く人間理性の可能性を探究するという点では、一貫した主題に取り組んでいた。しかしながら、哲学的理性に課せられた規定／使命に関して、啓蒙主義からドイツ観念論にいたる展開を追ってみると、その内容は、学問・宗教の伝統という古い鎖を自ら振りほどき、知を世界（世間）へと開放するといった公教的なあり方から、「思弁」というある種秘教的な思考様式を重んじるものへと明らかに変容しているのである。

ドイツ啓蒙主義の哲学は、一七世紀の終わり頃から一世紀以上にもわたって興隆し進展を遂げたが、百家争鳴の様相を呈しつつも、「世界智（Weltweisheit）」を標榜している点でほぼ一貫した時代精神をもっていた。周知のように、イギリスやフランスとは違い、この時代のドイツに特異な傾向として、「哲学」には元来の「愛智」を意味する名称のほかに、母国語表現による「世界智」の異名が積極的に用いられた。この言葉を構成している二つの語のうち、「世界（Welt）」は「啓蒙における哲学の世俗化の指標」を表している。[1] つまり、哲学を神学や「学校哲学」という限られた領域から市民へと開放するという啓蒙の目標が、この「世界」という語に集約されている。また「智（Weisheit）」という語には、啓蒙のコンセプトによる哲学の新たな学問的位置づけが表明されている。ヴェルナー・シュナイダースによれば、哲学は「智への愛」という従来の控えめな位置に甘んじるのではなく、自らが「智」そのものであることを宣言したのだという。[2]

一七七〇年代以降の後期啓蒙では、こうした哲学の世俗化運動に、「世界のための哲学者（Der Philosoph für Welt）」という明確な標語も与えられている。[3] そこでは哲学の認識論や存在論などの伝統的問題を純粋に歴史的・概念的に突き詰めるよりも、むしろそうしたスコラ的探究の慣習に抗して、人間的生のあらゆる局面で生じる実際の問題に対応し、何かしら解決に寄与すること、そしてその効果を確かなものにするために哲学を市民に開かれた形式で提供することが追求された。このようにして「世界智」を標榜する啓蒙主義の哲学は、哲学の自己理解にひとつの新たな規定をもたらし、哲学する主体を、ひいては哲学の扱う対象の範囲を拡張するという発展に確かに寄与したのだといえる。

他方でこれに対し、ドイツ観念論において、その後一定の影響力を見せた右のような啓蒙主義の哲学は「通俗哲学（Popularphilosophie）」と呼ばれ、ことごとく論難の対象となる。詳細は後に譲るが、批判の趣旨はおよそ、通俗哲学が公衆性（Popularität）、一般的なわかりやすさ（Allgemeinverständlichkeit）、有用性（Nützlichkeit）といった条件を至上のものとして疑わず、もっぱら無知を知へともたらす運動であったために、哲学から〈知ある無知〉の次元を、またそこから思弁的に展望されうる絶対的な理念の可能性を閉め出してしまったということにある。かくしてここには、いわば世界から自己自身へと還帰する哲学の姿が形式的に見いだされるわけだが、しかしそこで重要視される「思弁」という思考様式には、どのような意味が込められているのだろうか。それは、行き過ぎた啓蒙主義への反省を経て、形而上学の伝統における高度に観想的な思考様式に改めてふたたび回帰する哲学なのだろうか。哲学する主体の観点から言えば、この思弁哲学は、健全な／一般的な人間悟性（der gesunde / gemeine Menschenverstand）に定位する「世界智」の哲学に一定の無効宣言を下し、「哲学は本性上秘教的である」と唱えることによって[4]、その「名宛人（Adressat）」を「世界」から「学識ある者」へとふたたび書き換えたのだろうか。この思弁への企ては、そうした意味において、ハンナ・アーレントが言う「現象の常識的世界からの退きこもり（withdrawal）」にすぎないのだろうか[5]。

この疑問に答えるためには、少なくとも一八世紀の終わり頃、啓蒙主義とドイツ観念論が交差する地点でどのような思考の転回が起こったのかという歴史的文脈の上で、思弁の意味を解き明かす作業が必要になる。そしてそのさい重要なのは、単に啓蒙主義から思弁哲学への思考の発展史を後者の帰結に依拠して再構成することではなく、さしあたり今述べた、〈啓蒙以後の思弁〉に投げかけられるべき疑念にも似た問いの行方を、思弁哲学による啓蒙批判の文脈のなかで見失わずに追うことである。なぜなら、ヘーゲルにおける思弁とは何かを明らかにするためには弁証法的な方途以外にありえないからである。つまり、ドイツ観念論のうちに啓蒙主義の批判とその克服を目指す視点があることはすでに自明だが、そのさいドイツ観念論の思弁哲学が、啓蒙主義において否定された哲学の伝統様式に素朴にふたたび依拠することなく、どのようなかたちでそれを止揚し、新たな哲学に啓蒙の契機を内化したのか、という弁証法的な問いが立てられなければならないのである。

この第Ⅰ部では、以上のような観点から、「思弁とは何か」への助走として、啓蒙主義の哲学がどのようにして思弁哲学へと媒介され内化されたのかというプロセスを考察してゆく。

第一章　理性の光と影

近代ヨーロッパの啓蒙主義は全体として、宗教・政治・科学・教育などさまざまな文化や制度に根を張る伝統的権威からの解放を目指した思想運動であった。しばしば言われるようにその傾向には地域性が見られ、フランスの啓蒙が市民革命を先導し政治的色彩を色濃く帯びていたのに比べて、ドイツの場合は啓蒙絶対君主フリードリヒⅡ世の影響力もあり、哲学・思想面での革新が目立った。この内的思考のエネルギーに支えられたドイツ啓蒙の徹底性は、「啓蒙」という事態そのものへの反省的・哲学的思考に向かった点に極まるといえる。

本章では、まず前半において、ドイツの後期啓蒙に見られる啓蒙概念それ自体への内省という文脈から、哲学における啓蒙のあり方を明確に規定したラインホルトの啓蒙論文を取り上げ、哲学の公教性がどのような点に見定められているかを確認する。続いて後半では、フィヒテのシュミット批評とヘーゲルのクルーク批評を取り上げ、ラインホルトと同じく「意識の事実」という自明な原理に定位した哲学体系をうち立てようとしたシュミットの理論に対するフィヒテの批判の論点、さらにフィヒテの観念論的見地を引き継いだヘーゲルによる、常識哲学者クルークへの批評の帰結について考察をおこなう。このように啓蒙から啓蒙批判への展開の一断面を考察することで、啓蒙において要求された哲学の様式が、どのような点でドイツ観念論の思弁的視座から限界づけられたのか、さしあたり対立的な構図を提示することにしたい。

1　〈啓蒙とは何か〉への内省

近代ドイツの啓蒙主義は、一七世紀中頃から、各都市ごとに特色ある視点をもって興隆してきたが、それらに共通する主題をあえて際立たせてみるなら、やはり人間理性の開明と世界智の推進ということになるだろう。しかしやがて一七八〇年代になると、先にも述べたとおりフランスの啓蒙運動が市民革命へと実現されてゆくのとは対照的に、ドイツでは啓蒙のそうした根本的な主題そのものに対する反省的問いが、啓蒙主義の内部から投げかけられてゆく。

啓蒙とは、それ自体で何か実質的な内容を担うというより、それが付き従う理念に照らしてさまざまな事柄を開明する営みや運動を表す言葉である。したがって、啓蒙それ自体は、理念に対して相対的である。つまり、とくに近代であれば、およそ理性的人間になることが啓蒙された状態を意味するが、「理性的」であるとはどのようなことをいうのか、また理性を正しく用いることで開示される真理としてどのようなものが想定されているのかによって、啓蒙の内容や方法は違った形態をとることになる。もし理性の探究を人間の知の拡張と見なして推し進めようとするならば、啓蒙は百科全書的な知の体系を生みだすだろう。また理性的であることを、理性の自己反省として捉えるならば、理性批判もまた啓蒙ということになろう。〈啓蒙とは何か〉をめぐる議論の発端となったヨハン・フリードリヒ・ツェルナーの有名な言葉は、こうした啓蒙の明白だが相対的な性質を端的に象徴している。「啓蒙とは何か。この問いは、真理とは何か、というのとほとんど同じくらい重要な問いである以上、啓蒙し始める前に答えを出すべきではないだろうか！　それにもかかわらず、私はどこにもこの問いに対する答えを見たことがない」[1]。

この問いに応えるかたちで、一七八四年には、『ベルリン月報』に掲載されたM・メンデルスゾーンの「啓蒙とは何かという問いについて」およびカントの「啓蒙とは何かという問いへの回答」といった二つの論文を中心に、『トイチェ・メルクール』におけるラインホルトの「啓蒙についての考え」、ハーマンによるカントの啓蒙概念批判（クラウス宛書簡）などが続々と提出される。これらの論考は、「啓蒙」の定義を積極的な意味で明確化することを主眼におきながらも、必然的に、啓蒙の可能性と限界、そして概念的な両義性といった反省的・自己批判的な論点も内包するものであった[2]。

さて、ここでは一七八四年以降にわかに盛んになった「啓蒙とは何か」をめぐるさまざまな応答のなかから、哲学（者）の立場について比較的明示的に論じたラインホルトの思想を取り上げて、啓蒙の時代における哲学の使命がどのように規定されているのか、その主な論点を見ておきたいと思う。

ラインホルトの「啓蒙についての考え」は、『ベルリン月報』の二つの有名な論文（メンデルスゾーンとカント）にわずかに先駆けて、一七八四年七月、八月、九月の三回にわたり『トイチェ・メルクール』誌（ヴァイマール）に発表された論文である。ラインホルトの啓蒙論文は、『ベルリン月報』の二つに比べて注目されることが少ないが、先より述べているように、啓蒙の定義を哲学（者）の立場との関係から明確に論じているため、啓蒙主義の哲学が拠り所とする理念すなわち「世界智」の具体的な規定を理解するための格好の資料となる。この論文でラインホルトは、「啓蒙」という言葉の含意が当時いかに曖昧で捉えどころのないまま用いられていたかという問題意識をツェルナー（そして後のメンデルスゾーン、カント）と共有した上で、まずは学校論理学や宗教の旧弊に対する診断、続いて啓蒙の定義、そしてその適用の必要性や方法へと議論を進めてゆく。ここでは、啓蒙の定義と、そこから直接導かれる哲学者の課題に考察の焦点をあてたい。

ラインホルトによる啓蒙の定義はごく簡潔に次のように表明される。「啓蒙するとは一般に、理性のそなわった（vernunftfähig）人間から理性的な（vernünftig）人間にすることを意味する」[3]。ラインホルトは、人間が生まれながらに獲得している可能的な理性のあり方を「理性能力（Vernunftfähigkeit）」と呼んだ上で、感覚や心に理念を与え、理性能力を理性そのものへと発展させる素材を提供するすべての営みが、さしあたり広い意味での啓蒙にあたると述べる（S.123）。さらにまた彼は、「理性能力」と「理性そのもの」の区別を、「渾然とした（verworren）概念」と「判明な（deutlich）概念」というヴォルフ的な文脈において捉え、狭義における啓蒙の定義を、「渾然とした概念を判明な概念へと照らすべく、本性のうちにある手段を適用すること」だと明言する（ibid.）。

こうした啓蒙の規定に対して寄せられる否定的な反応を、ラインホルトは次のように想定してあらかじめ自ら代弁する。つまり、人間のあらゆる感覚や表象、出来事一般を「判明な概念」によって捉えることが理性の本分なのだとしても、こうした思考力を十分に発揮できるのは、結局のところ啓蒙の時代の表舞台である「世俗」から退いて観想に耽る哲学者の「排他的な特権」（S.127）であり、国家の大多数を占める庶民（Pöbel）にむかってそのような理性への要求を説くことは、庶民に庶民であることをやめるよう要求するのと同じくらい無謀なのではないか、という疑念である[4]。こうした趣旨の反論に対してラインホルトは、「自然な論理学と技巧的な論理学があるのと同じように、概念の判明性にも自然なものと技巧的な（künstlich）ものがある」（S.127）と答える。ラインホルトにとって啓蒙とは、あくまでも「理性をそなえた人間」を「理性的な人間」にすることであって、想定されているのは原初状態のような理性なき時代ではなく、万人が理性的動物として、はじめから理性を少なくともそなえている現実である。したがって、判明な概念に関して哲学者と庶民のあいだで区別が問題になるとすれば、それは判明な概念をもつかもたないかではなく、技巧的なかたちでもつか自然なかたちでもつかという、「判明な概念に対する能力（die Fähigkeit zu deutlichen Begriffen）」（S.128）の区別なのである。また、他方で別な観点から言うと、判明な概念は庶民のものではなく哲学者の「排他的な特権」だと見なす判断こそは、ラインホルトにしてみれば、世俗と超俗に知が二極化されてきたことに起因する「判明な概念」への先入見であり、啓蒙以前の遺物にほかならないのである。

ラインホルトは、「庶民の判明な概念と哲学者の判明な概念とのあいだにある区別」（S.127）、あるいは「判明な概念に対する能力」における両者の区別を規定するだけではなく、そこに成り立つ相互関係から、啓蒙のあるべきかたちを見いだそうとする。まず区別に関して言うと、「判明な概念に対する能力」は、庶民の場合が受動的で、哲学者の場合が能動的である。すなわち「庶民は学び、哲学者は教える」（ibid.）。さらに、前者は「解きほぐされた（zergliedert）概念を捉え」、後者は「概念を解きほぐす」（ibid.）。前者は判明な概念がそなえる「快適さ」ばかりを重視するが、後者は判明な概念のために必要な一切の困難を克服する（ibid.）。二つの能力はこのように、「教育」という啓蒙の根本的な文脈上において理解される。では、「理性をそなえた人間」を「理性的な人間」にするという啓蒙のコンセプトは、この対立関係からじっさいにどのような仕方で実現されるべきだというのだろうか。ラインホルトの結論は次の通りである。

私が言いたいのは、学問と非学問のあいだの交流の架け橋（Communikations - Brücke）となる確かな概念が存在するということである。それは、庶民にとって高すぎもしなければ、哲学者にとって低すぎもしないところにある概念である。同じ土からすっかり遠く隔たったまま教養形成されている哲学者と庶民とが、互いに共有する概念である。また――万物はさまざまに異なったあり方をしながらやはりなお相互に絡み合って存在しているのだから――哲学者のきわめて精神的かつ繊細な構想にも、一般の人のきわめて感性的な観念にも関連する概念である。これらの概念のなかに国民の啓蒙（Volksaufklärung）の魔除けが入っている。偶然か、あるいは自らの判明な観念と庶民の渾然とした観念の双方をかの中間概念（Mittelbegriff）に十分に近づける技巧を解する智者（der Weise）ならば、すべての魔力を打ち破ってしまう。（S. 130）

ラインホルトの啓蒙哲学が目指しているのは、庶民と哲学者のあいだで恣意的な基準によって哲学を世俗化または高尚化することではなく、学問と非学問の区別を前提とし、双方の既存の観点を考慮した上で中間的領域を探求することである。たとえばラインホルトは「神の正義」という概念を取り上げてこの中間概念の例を簡単に説明している。哲学者は「神の正義」について、それが「智恵により振り分けられる善意」であること、また「神は善意からのみ罰しうる」という理性的真理を知っている（ibid.）。他方で庶民が修道士の教えを通して知っている「神の正義」は、「情け容赦のない厳格さ」とか、「はかない被造物の苦しみや永遠の不和における適意」といった感覚的内容の域をおよそ出ることがないという（ibid.）。この場合の中間概念はたとえば、両者が「相互に共通にもつ（mit einander gemein）」、「父という概念」に求められる（ibid.）。哲学者は神の性質を「智恵ある父」として説明することで、神の正義の表象を鮮明なものにすることができるとされる。中間概念の適切さやその尺度に関する問題は残されるが、いずれにせよラインホルトは、学問や権威の側から、それらの論理や事情によって非学問的層にもたらされた覆いを取り去るために、哲学的理性が世間的な感性と断絶したままではいられないことを明確に認めているのである。

〈啓蒙とは何か〉に応答するにあたって、たとえばカントが道徳・宗教論や国家論、メンデルスゾーンが文化論的な角度からそれぞれ持論を展開したように、「啓蒙」を論じうる文脈はもとより広く多様である。それらの文脈や論争に分け入ってラインホルトの啓蒙の意義を詳しく画定してゆく作業は本節の範囲を越える。ここではさしあたり、ラインホルトによる啓蒙の定義から、啓蒙の時代に要請されていた哲学（者）の使命／規定を確認しておくだけにとどめたい。端的に言うならば、万人が理性をそなえ、その開化が望まれる時代にあって、哲学は少なくとも、哲学者のための哲学という観想的な領域で自足するのではなく、一般の人びとの思考とのあいだで確かな理路を保つような「中間概念」を自らのうちに組み込み、かつ提供できなければならないのである。

さて、以上はいわば哲学（者）による啓蒙宣言の一端を瞥見したにすぎない。次節では、こうした理念がどのような哲学の形態をとって現れたのか、そしてそれがドイツ観念論の哲学からどのような仕方で批判されることになったのかという点について考察する。

2 「意識の事実」からの超出――フィヒテのシュミット批判とヘーゲルのクルーク批判

ラインホルトが表明した啓蒙理念を広い意味で内容的に共有し、彼の言う「中間概念」の領域をさまざまに探求し言明した通俗哲学の営みは、後期啓蒙の時代に数多く見いだされる。本節では、そうした諸理論のうち、ドイツ観念論の生成に大きく関わってくる「意識の事実（Factum / Tatsache des Bewußtseins）」をめぐる議論に焦点を絞り、啓蒙とドイツ観念論の本質的な差異を際立たせてみようと思う。

周知のように、一七八一年に発表されたカントの『純粋理性批判』第一版はさまざまな面で批判や再解釈の余地を残し、その後の論争史を大いに賑わせたが、そのなかで生じたひとつの重要な論点として、理性批判の基礎づけをめぐる問題があった。カントは「純粋理性の体系」をうち立てるべく、建築術的な体系構想にもとづいて、理性批判に、体系そのものに先立つ設計図という位置を与えていた。しかし、ラインホルトは、理性批判が体系のための予備的考察ないし導入ではあっても、体系の基礎づけという機能を果たすものではないとし、哲学体系の根拠を、理性批判が前提とする原理にまで遡って探究する「根元哲学（Elementalphilosophie）」をうち立てる。そこでラインホルトが結果的にたどり着いた、これ以上遡及不可能な自明な原理とは、アプリオリな認識以前の原初的な段階で生じている人間の表象能力の原理、すなわち「意識において、表象は主観によって主観と客観から区別されるとともに、両者に関係づけられる」という原理である。ラインホルトはこの命題を「意識律」と呼び、「意識律」が認識論に先立って反省されなければならないとともに、認識作用が起こる以前には「意識律」に反省的に言い表されている事態が、「意識の事実」として自ずと明白なかたちで成立していなければならないのだという。ラインホルトは、この「意識の事実」を、それ以上遡及不可能で自明な哲学体系の第一の根拠として提示したのである。

ところで、「意識の事実」を哲学探究の立脚点、およびその範囲としたのはラインホルトだけではない。カール・クリスティアン・エアハルト・シュミットもまたその一人である。シュミットはカント哲学の解説から出発して、その要素を摂取した独自の哲学体系を構想していたが、その途上でフィヒテの知識学の立場から主に「意識の事実」への定位をめぐって批判を受け、結果的にその体系構想は、知識学をより明瞭なかたちで世に知らしめるための否定材料として役立てられるにいたった。そうした意味で、フィヒテによるシュミット批評論文

「シュミット教授によって樹立された体系と知識学との比較」（一七九六年）は、通俗哲学と超越論的観念論の理論上の接点と差異を見極めるのに格好の資料となる。(5) またこの論文におけるフィヒテの批判の観点はやがてヘーゲルの賛同を得ることにもなるため、以下ではラインホルトからシュミットの哲学に視点を移したい。

さしあたり、シュミットという人物、そして彼とフィヒテの関係について外面的な説明を加えておきたい。シュミットは、神学、哲学、心理学、医学や生理学、自然科学、法学など多分野にわたる研究活動を通じて、当時イェーナを中心に名を馳せたドイツ啓蒙期の人物である。哲学史的には、カント哲学の普及ないし通俗化に一役買ったカンティアンとして知られる。シュミットは一七八五年、二四歳の時にドイツで初めてカントの『純粋理性批判』に関する講義をおこない、この講義をもとにして『純粋理性批判』の概説論文と、研究史上最初のものとなるカント事典を著した。(6) それが『純粋理性批判講義綱要、ならびにカントの著作をより簡便に使用するための事典（*Critik der reinen Vernunft im Grundrisse zu Vorlesungen nebst einem Wörterbuche zum leichtern Gebrauch der kantischen Schriften*）』（一七八六年）である。二年後には第二版が『カントの著作をより簡便に使用するための事典ならびに論文（*Wörterbuch zum leichtern Gebrauch der Kantischen Schriften nebst einer Abhandlung*）』（一七八八年）と改題されて新たに上梓され、その後第三版（一七九五年）、第四版（一七九八年）と増補・改訂を重ねた。第四版は、Wissenschaftliche Buchgesellschaft 社のカント著作集の補巻に収められており、今日でも比較的簡単に手にとって見ることができる。

さて、そのように当時としては目覚ましい業績を産みながらも、結局のところシュミットの哲学がほとんど忘れ去られてしまったのは、彼がカントのエピゴーネンに位置づけられたこともあるが、イェーナ大学での同僚フィヒテから受けた完膚無きまでの批判もそのひとつの決定的な要因であったと考えられる。(7) シュミットとフィヒテとのあいだには、一七九四年頃から『一般文芸新聞』に掲載されたシュミットの記事をめぐって確執が生じはじめていたようだが、一七九六年頃になると『哲学雑誌』に舞台を移して論争はいよいよ激化しクライマックスを迎えることになる。まずシュミットが『哲学雑誌』第一〇号（一七九六年二月）に知識学批判を企図した論稿「さしあたり証明に供された、哲学とその諸原理についての著作からの断片（*Bruchstücke aus einer Schrift über die Philosophie und ihre Principien. Zu vorläufiger Prüfung vorgelegt*）」（以下『断片』と略記）を発表し、これへの応答としてフィヒテが第一二号（同年、復活祭）に、本節で取り上げる論稿「シュミット教授によって樹立された体系と知識学との比較」（以下「シュミット批評」と略記）を発表、そしてフィヒテが叩きつけたこの上なく攻撃的な挑戦状に対して、最終的にシュミットが文字通り閉口し、実質的な回答を控えたことで事態は幕となる。参考までに、フィヒテによる最後の批判を受けたのちシュミット自身が『王国報知（*Reichs=Anzeiger*）』（一七九六年六月二三日付）に寄せた声明を一部訳出しておく。

フィヒテ教授のことで公衆に告ぐ。／多くの紙幅を割いて私に向けられている質問に十分に応じるためにも、私の同僚殿、フィヒテ教授がニートハンマーの雑誌一七九五年〔一七九六年の誤り〕第一二号で、私の頭脳と心胸に向けて浴びせかけた情け容赦のない人格攻撃に抗して、私がなそうと思うところをこの場で公然と宣言しよう。私は熟慮の末、何もせずに沈黙を守り、私の問題を公衆の判断に全面的に委ねることに決めた。私たち二人を知る公衆は、さらに私たち二人と親密の度を深めるであろうが、望むらくは感銘を受けたりなどしないでほしい。自らの価値ある自我を哲学において唯一妥当なものとする人は、当地の私の友人たちがこれまで私自身や私の講義に寄せてくれた信頼を考えて、へりくだった比較をすることで（フィヒテの論稿三一四頁以下）彼らを恥じ入らせようとあの手この手を弄しているが、それでも、私のごく親しい活動範囲に対して私の面目が潰されるようなことはない。〔フィヒテの〕この公然たる証言が、当地で勉強する人たちの考え方を恥ずべきものにするようなことなどないと、私には思われる。私のすべての活動範囲に対して、私を潰そうとする人など誰もいないだろうし、いるはずもない。フィヒテ氏に対して、私は無を貫きたいと思う。私はよき社会にいるのだから。包み隠さず告白するが、私のところで最後の署名をしないことが、唯一真正な、紛うかたなき哲学である（後略）。／イェーナ、一七九六年五月／C・C・E・シュミット（vgl. „Num. 142. *Kaiserlich privilegirter Reichs=Anzeiger*. Donnerstags, den 23. Junius. 1796." Col. 5097/98）。(8)

さて、フィヒテにしてみれば、自らがそのように激越な弁舌を振るわざるをえなかったのは、シュミットの依拠する「意識の事実」が知識学の体系構成にとって根拠とすることのできないものだったからということになるだろう。フィヒテの「シュミット批評」の主軸となっているのは、この「事実」と「事行（Tathandlung）」との懸隔、ひいては通俗哲学と自らの知識学＝超越論的観念論との懸隔を決定的なものにしようとする視点である。すでに『全知識学の基礎』（一七九四年）において、フィヒテは知識学を構築するにあたり、この決定的な懸隔について注意を喚起していた。「知識学においては、或るものを事実として直ちに要請することは許されず、むしろ、或るものが事実であるということ（*dass*）の証明が（……）なされなければならない」、「哲学的反省に

フィヒテがシュミットに向かって「哲学者として実在していない」（S.266）と揶揄嘲弄したことに応えるかたちで、シュミットの方でもまた自ら「無を貫きたい」とあえて喧噪に背を向け、イェーナ哲学界の第一線を静かに退くのである。

よって導かれたわけではない通俗的な意識の範囲の内にある事実に訴えるのは、（……）哲学ならざる欺瞞的な通俗哲学しかもたらさない」（GA. II 2, 221）、と。フィヒテがすでにそう主張していたにもかかわらず、それでもシュミットは、知識学のそうした立脚点について、「可能的経験の限界を、そして意識の限界を捨て去るような哲学」、「無力な妄想」、「超越的」（GA. II 3, 252）などという言い回しで論難し、もっぱら意識の事実に定位する自らの哲学の正当性をあらためて主張してきたのである。このような趣旨の批判に再度応答するにあたって、フィヒテはおのずと語調を強めつつ、シュミットによる知識学批判の叙述を事細かにあげつらっては、知識学への、ひいては哲学への無理解を指摘してゆく。フィヒテの「シュミット批評」は、標題の通り「比較」という手法をとることで、『全知識学の基礎』以上の具体的叙述でもって、彼の知識学がいかに通俗哲学の先を行っているかということを論証する機能を果たす論稿となっている。また「付随的」（ibid.）には、この論稿は当時その難解さゆえに敬遠されていた知識学を簡略化してあらためて世に示す目的も兼ねそなえていたようである。

じっさいに事実と事行をめぐるフィヒテの「比較」はじつに明快である。シュミット哲学の根本原理は、〈意識には悟性と意志という二つの能力がアプリオリにそなわっている〉という「意識の無媒介的な事実」（GA. II 3, 236）にある。この事実を超えて哲学することは許されず、哲学はただこの事実から出発して、悟性と意志の多様をあるがままに記述し体系化することができるだけであるという。これに対してフィヒテの知識学は、発生的（genetisch）な叙述を重視する。シュミットが哲学的営為の客体とするのは「何か静かで固定的なもの」（GA. II 3, 256）である事実だが、知識学の客体は「活動的で、その活動性において呈示されるもの」（ibid.）、すなわち自我である。それはまた厳密には、哲学の客体というより、哲学する自我の主体＝客体的な活動そのもの、すなわち事行なのである。フィヒテはラインホルトの根元哲学をも引き合いに出してなおわかりやすく対比している。それによると、ラインホルトもシュミットも同じく意識の事実から出発して、前者は事実の根拠から根拠へと終わりなき系列を遡り、後者は逆に事実の結果の広がりを体系化したり、それについて論弁したりする。知識学は、自我という究極的根拠から、制約され基礎づけられた事実へと「下降」し、そのような自我の根源的な活動の叙述をこととする点で、ラインホルトとは「正反対の行程」をとり、そして「まさしくシュミット氏が彼の哲学を始めるところ」で終わるのだという（GA. II 3, 264）。ただしフィヒテはこのように述べることで知識学とシュミットの哲学との接続可能性を示唆しているのではない。意識の事実〈以前〉を問うことをシュミットが妄想として切り捨て、フィヒテもそのような事実を真の事実として認めない以上、両者のあいだにはつねに断絶が存在しつづける。フィヒテ曰く、「私〔自我〕がいるところに彼はいない」（GA. II 3, 265）。かくしてフィヒテはシュミットに向かって、――ラインホルトも恐怖と嫌悪感を禁じえなかったほどの――仮借ない「無効宣言（Annihilationsact）」（GA. II 3, 266）を言い渡すのである。[9]

以上に素描したフィヒテの「シュミット批評」の精神は、ヘーゲルの通俗哲学批判の後ろ盾として確かに受け継がれるところとなる。ヘーゲルは一八〇二年の論稿「常識は哲学をどのように理解しているか」において、超越論的観念論を論駁しようとする同時代の通俗哲学者ヴィルヘルム・トラウゴット・クルークの批評を試みる。そのさいヘーゲルは論稿末尾で、フィヒテの「シュミット批評」からの引用も織りまぜながら、このかつての批評と自らのクルーク批評との重なりを示唆している。その接点はまさしく、意識の事実の所以を問う次元にこそ超越論的観念論の存立を見定めるところにある。ヘーゲルの見るところでは、クルークもまたかつてのシュミット同様、意識の事実を超出する可能性を哲学に認めず、――あらゆる論理的法則、実践的法則、歴史的知識など無限に多様な事柄からなるとされる――意識の諸事実の集積的な体系化作業をそのまま哲学的営為であると見なしている点で、超越論的観念論の先を行くというよりは、むしろそこにまで立ち入ることなく常識に定位する「綜合主義（Synthetismus）」にすぎなかった（GW. IV, 182 ff.）。クルークが出版を企てていた浩瀚な哲学体系を揶揄するかたちで、ヘーゲルは超越論的観念論の使命を次のように示唆して論稿を閉じている。「七巻本の中では当然、かなりの数の意識の事実があげられることになるのだろうが、哲学的意識の無限に多様な事実――その中には、「キケロという名の偉大な弁舌家や、アレクサンダーという名の偉大な戦士が存在した」ということまで含まれようが――そうした意識の事実をその中にどうやってもちこむことができるのか、見当もつかない。（……）それらの事実の根底に存する肝心の事柄について哲学的に考察するための余白はいったいどこに残っているのだろうか?」（GW. IV, 187）

常識（それは「一般人間悟性」、「健全な人間悟性」とも呼ばれる）と哲学との関係性をめぐる問題は、もとより一種のアポリアであり、両者は相反するとも相即しあうとも考えられる。意識の事実が常識の領域にあると想定するなら、フィヒテの「シュミット批評」は、常識哲学とは相容れない超越論的観念論の立場を確かなものとして切り拓こうとしたのであり、ヘーゲルのクルーク批評もこの路線を引き継いだ。しかし彼らが「無効宣言」を下したのは、あくまで、もっぱら常識に定位しその根拠を問わない哲学であって、常識それ自体ではないだろう。たとえば、後で論じるように（第I部第三章）、ヘーゲルはその後『精神現象学』（一八〇七年）において、常識（悟性）と哲学とのあいだの接点、ないしは転回点を模索していた。彼によれば、無限なものを有限な仕方で抽象する自らの否定性を自覚してこそ、悟性は、無限なものを即かつ対自的に思考する思弁の領域を開く「最高に不思議で偉大な、あるいはむしろ絶対的な威力」を帯びるのだという（GW. IX, 27）。フィヒテに関してはどうであろうか。詳しい論究は稿を改めざるをえないが、いずれにせよ、フィヒテ自身が想定する「意識の本当の現実的な事実」（S. 264）と知識学とのあいだの接点ないし転回点はどのように考えられているのか、あるいはそもそも常識はシュミットの意識の事実ともども知識学から完全に切り離されてしまったのか、知識学と、知識学が尽きるところから始まる世界との関係はどうなっているのか――こういった問題の行く末をフィヒテ哲学に即して追ってみることも、フィヒテのシュミット批評の正当性を裏づける上で不可欠になるものと思われる。

第二章　常識と思弁のあいだ

——ニートハンマーとヘーゲルの思索から——

1　「常識に対するたえざる論戦」

一八世紀ドイツの啓蒙思想においては、スコットランド学派やフランスの啓蒙からの影響もあり、いかに従来の学校哲学を排して、人間の生と密接な〈常識〉すなわち〈健全な／一般的人間悟性〉に場所を獲得させるかという問題が大きな関心事となっていた。しかし他方で、こうした潮流とは距離をとる立場として、カントはスコットランド学派とドイツの通俗哲学を批判したし、その後のドイツ観念論においてもまた、思弁的思考との対比から常識にはおよそつねに否定的な位置づけが与えられた。ヘーゲルとシェリングによる『哲学批判雑誌』の緒論「哲学的批判一般の本質について」（一八〇二年）にはこう述べられる。「哲学が哲学たりうるのはただ、哲学が悟性にまさしく対立すること、またそれゆえになお、人間の地域的・現世的な制約が見てとれるような常識とはいっそう強く対立することによってのみである。こうした常識との関係でいえば、哲学の世界は即かつ対自的に転倒された世界なのである」（GW. IV, 182）。

しかしこのような批判的視点によって、常識というあまりによく知られた身近な認識形態が、思弁哲学の前では不確かなものとして、啓蒙以前と同様ふたたび閑却されるにいたったわけではない。「啓蒙」に関して言えば、もとよりドイツ観念論においてそれを完全に否定する意図はなく、啓蒙以後の時代にあって、哲学する主体から「理性の光」を奪うことがもはや不可能に等しい、ということも自覚されている(1)。したがって、そうしたいわば啓蒙〈以前〉と〈以後〉の隘路にあってドイツ観念論の哲学に突きつけられた課題とはむしろ、哲学の思弁性を損なうことなく、むしろ思弁と実質的に関わり合うかたちで、常識という、経験的で有限な、そして哲学するにあたって万人が所与のものとしてもつ認識を、いかに新たに意義づけてゆくかということにあったといえるのではないか。そして、そのような洞察を通じて開けてくる常識と思弁の〈あいだ〉を見据える思考にこそ――奇妙に重複した言い方にはなるが――思弁哲学の真の活動性が示されていたと見ることができるのではないだろうか。

「彼〔ヘーゲル〕の仕事の大きな部分は常識に対するたえざる論戦として読むことができる」――というアーレントの発言もあるように、とりわけヘーゲルは右のような問題意識のもと常識と思弁の関係性の再構築に思索を傾けた(2)。ヘーゲルが固有の哲学構想を本格的に形成してゆくイェーナ時代(一八〇一―〇七年)の初期の論稿『差異論文』(一八〇一年)には、「常識に対する思弁の関係(Verhältnis der Spekulation zum gesunden Menschenverstand)」という一節がある。ここで語られる〈常識と思弁との出会い〉の含意を考察することは、常識を自らに有機化する思弁哲学の内実を捉える手がかりとなるだろう。ただしこの一節は、著作の構成上、当時のイェーナ哲学界の主な趨勢にヘーゲル自身が診断を下していく作業の一環という位置にあるため、内容を読み解くにあたっては、少なくとも当該テーマに関するヘーゲル以前の議論を踏まえておくことが不可欠になる。これに関して本章では、すでに関連性が明らかに認められる通俗哲学一般やヤコービの直接知の立場とは別に、F・I・ニートハンマーによる先行研究「哲学に対する常識の要求について」(一七九五年)との関係に焦点をあててみたい(3)。この論稿は、ヘーゲルが「常識に対する思弁の関係」をどのような次元で論じなければならないと考えたか、という方法論的側面を際立たせるために重要な資料となる。以下本章では、ニートハンマーの論稿を概観した後、その内容との対照を踏まえつつ、ヘーゲルの『差異論文』で語られる〈常識と思弁の出会い〉の含意について検討することにしたい。

2 『哲学雑誌』のニートハンマー論文

2・1 通俗哲学とは異なるかたちでの常識の哲学の要請

『哲学雑誌』は、ニートハンマーがイェーナを拠点に一七九五年から一七九六年まで単独で、一七九七年から一八〇〇年までフィヒテと共同で編集した雑誌である(4)。編者のニートハンマーは、さしあたり第一巻において巻頭言「当雑誌の目的および創刊に関する予備報告」(5)(以下「予備報告」と略記)と、論文冒頭の「哲学に対する常識の要求について」(6)を執筆している。

「予備報告」では、まず当時の哲学情勢が簡単に整理された上で、閉塞感の漂う現状から新たに現実的一歩を踏み出そうと決意する編者の企画意図が述べられる。そこでの整理に従えば、批判哲学に対して独断論的諸体系を擁護する立場が実質的に勢力を失った後、批判哲学はその擁護者たちによってさらに展開され、これをより確固とした根拠から基礎づけようとする立場が次第に支持を集めつつある現状があった(I-II)。しかしながら、この基礎づけ主義の立場は、その後新たに台頭してきた懐疑論、すなわち「基礎」の不確かさを暴く異論に対していまだ十分に応えておらず、なおかつ応えないままに哲学の基礎づけ作業を全うしようと熱心になる様子が、自らの限界性をかえって露見させてしまう逆説的事態にもなっているのだという(7)。

こうした現状をニートハンマーは総じて否定的に捉え、根本的な軌道修正を図るべく自らの哲学的展望を述べる。それは端的に言うと、哲学は、外からは確固とした基盤により自らを根拠づけ、内からは精緻で完全な諸部分の連関を練り上げるといった一種の自己完結的な作業に終始するのではなく、むしろ自らの帰結を他の個別的諸学問に適用することに踏み出してこそ「諸学問の学問」として自らを完成に導きうるのだということである(V)。これはつまり、哲学が何かによる根拠づけを求めるのではなく、自ら根拠となることを意味している。哲学に「諸学問の学問」という位置づけをあらためて要請することは一見伝統的な学問論にも見えるが、そこに存するニートハンマーの意図は広い意味での啓蒙精神にもとづいている。

哲学は、私たちの概念や判断における必然的なものや普遍的なものの学問として、ただ以下のことによってのみ、常識の用法(der gemeine Verstandesgebrauch)への影響を達成できるし、公益的なものになりうる。すなわち、哲学が、諸学問の学問として、個別的諸学問の基盤をなし、これらのうちでただ要請される諸原則や根本概念を演繹するということ、つまりそれらを人間精神そのものの根源的な法則から導き出すことによってである。(……)そうすれば、概念のこうした規定性は、個別的諸学問から常識の用法へと移行し、そこで哲学を(人間の究極目的に関連づけられた実践的関心に応じて)創出するべき作用を生みだすことができる。その作用とはすなわち、学問を通じ人間を総じて自らの目的に親しませることである。——これこそ、哲学を通俗化するのに適った唯一のやり方である。(VI-VII)

ニートハンマーはここで〈哲学の通俗化〉に言及しているが、その含意は、当時流行していた通俗哲学の立場とは一線を画している。彼によれば、哲学を市民へと開放するにあたって、通俗哲学は親しみやすい言葉や説明を弄して哲学の諸概念と人間の自然な感情や常識をつなごうと試みたが、そのような「無媒介的な」手続きは、「精神を啓蒙する代わりに頭を混乱させる」だけで、失敗に終わるという（VII）。これに対してニートハンマーの考える哲学的啓蒙は、あくまで「学問」に定位した「媒介的」手続きを重視する。それはすなわち、第一に哲学を人間精神の根源的な知の学問として確立し、それからこの帰結を個別的諸学問の根本概念および諸原則の証明や正当化へと適用し、諸学問と第一の学問とが連関しあう場において「徐々に哲学を（……）常識そのものに導入する」（VIII）というものだった。

こうした「哲学的エンチュクロペディー」やシェリングの学問論にも通じるかのような発想は、それ自体興味深いが、ここでニートハンマーが述べる哲学構想は、創刊の趣意表明という制約もあってか展望にとどまり、それ以上具体的には語られない。とくに「個別的諸学問」として具体的に何を想定しているのかは「予備報告」では示されず、『哲学雑誌』の今後の活動全体に委ねられたかたちとなっている。とはいえいずれにせよ、常識と哲学の関係性に関して言うならば、ここでは、「一般的生の用法（der Gebrauch des gemeinen Lebens）」（II）に定位する人間の自然な認識主体である常識の立場が、さまざまな学知を媒介にしながら、人間精神の根源的な探究＝哲学に出会い、自らの知の由来を知る、といういわば現象知と根源知の積極的な関係の構築が強く求められているのである。

2・2　「哲学に対する常識の要求について」

ニートハンマーは新たな哲学に対する以上のような展望を述べた上で、続く論稿（「哲学に対する常識の要求について」）において常識と哲学の関係性への洞察をさらに詳細に展開する。この論稿では、「常識の要求」に一定のかたちで応えることが哲学の自己規定にとっていかに本質的な問題であるかが論じられてゆく。

冒頭ではまず、常識という語の含意の確認がおこなわれる。常識の基本的な特徴は、さしあたり一般的には、「自らの諸概念を、それらの限界を洞察することも、他の個々の概念や体系全体との明確な連関を洞察することもないまま、単なる感情（Gefühl）に従って無媒介的にうち立て使用する」（A.1）ことだと考えられている。常識の立場がもしこの規定のかぎりであれば、常識の側から哲学への要求が生じることはないだろう。ニートハンマーはしかし、常識という語に含まれる gemein と Menschen という言葉にさらに踏み込む。すなわち、知や行為や判断にさいして、常識は、自らの認識を万人に共通するものとして妥当させようとし、自ら「普遍的な声（die allgemeine Stimme）」（A.2）たらんとする要求を否定しがたく含んでいるというのである。彼は常識のこうした要求に、絶対的に普遍的・必然的なものを探究する哲学の関心との接点を認める。とはいえ、常識のこうした要求はあくまでも感情にもとづいたもので、自らの認識の普遍性・必然性を単に感情によってのみ抱くことは、もちろんこの種の感情それ自体の普遍性・必然性とは別問題である。ここでニートハンマーは、常識が本性上もっているこのように寄る辺のない普遍妥当性要求を、無力な常識に代わって保証することに哲学の役割があるとし、そのような意味において常識と哲学とのあいだに積極的な関係を見いだそうとする。

ニートハンマーが考える常識と哲学との積極的な関係は、さしあたり次の言明に集約される。「哲学が解決しなければならない本来的かつ唯一の課題は、私たちの知の一切の確実性の基礎である常識の要求を、懐疑論から守ること、そしてその要求を普遍妥当なものとして証明することである」（A.5）。一見単純明快なこの課題は、当時の哲学情勢を踏まえた上で理解されなければならない。『哲学雑誌』の趣旨として、第一根本原理の探究に終始する哲学へのアンチテーゼが含まれていたことは先に述べたとおりである。ニートハンマーのこうした企図には、もとよりカントの批判哲学への回帰という動機もはたらいていた(8)。彼の懸念では、批判哲学が根ざすところの原理の探究を企てた根元哲学や知識学が、確然的でアプリオリな根本命題へと遡及を重ねる方法をとるかぎり、経験の可能性の条件を探究するという超越論哲学の趣旨を逸脱し、理性と経験的認識との従来の接点が見失われる可能性がある。ニートハンマーによれば、本来、超越論的な条件の探究は、哲学がそこから出発するべき無条件の根本原理を形成したりするものではない。むしろ超越論哲学は、「条件づけられたもの」である経験的事実の上に成り立っている。「哲学はアプリオリに開始することはできないし、それ自体無条件のものであるアプリオリで無媒介的に確実な命題から、諸条件の系列のなかをただちに綜合的に下降して、この系列に連なるすべてのものに等しく無条件の確信を与えることはできない。むしろ、哲学はそれ自身、必然的な条件を見いだすために、ある条件づけられたものからはじめて諸々の条件の系列のなかを綜合的に上昇するのでなければならず、そうやってはじめて哲学はこの条件づけられたものから普遍妥当性をそなえたひとつの体系に前進できるのである」(A.23)。このようにニートハンマーは、カント哲学の原点に立ち返って、「経験がある(daß Erfahrung ist)という普遍的な主たる事実」(A.24)が哲学の開始点であることを強調し、条件づけられた常識とその必然的成り立ちを探究する哲学との健全な関係性の回復を目指すのである。のみならず彼は、哲学の開始点を「経験がある」という事実でもって提示することによって、それがもはや疑いようのない直接的な事実であることから、根元哲学や知識学の根本命題に向けられた懐疑論の攻撃をも回避できるものと考えている(ibid.)。

「経験がある」という事実から哲学を開始することを説くニートハンマーの思想は、先にも述べたように、従来の通俗哲学の見地とは根本的に区別される。通俗哲学は常識の普遍妥当性要求をあたかもそれが「最終決定機関」であるかのように掲げ、他方でその根拠を問う思弁の試みを、「空虚で無益な思い悩みと称し」、「理念のうちで自らが念頭に浮かべる普遍妥当的な知の目的を達成しようとする精神の労苦を、精神の限界の侵犯であると説明する」（A.14）。これに対して、ニートハンマーの場合、常識は真理の唯一の「肯定的な基準（Kriterium）」を与えるものではありえない。そのような基準を与えるのは哲学である。ただしその一方で常識は、哲学がそれと矛盾をきたさぬよう尊重するべき「至上の声（die oberste Stimme）」という「否定的な基準」になるのだとされる（A.37）。

ニートハンマーが最終的に目指した哲学とはどのようなものなのだろうか。論稿の終わりの方では、カント主義の枠組みをこえたニートハンマー独自の哲学的立場が提示されている。「哲学が解決するべきさらに困難な課題は、意識のさまざまに対立した様式を知のひとつの体系において合一すること、そしてそれらの様式を、一方を他方の犠牲にしたり、（……）主体の統一を廃棄することなく説明することにある」（A.39）(9)。ここでニートハンマーは、哲学体系における必然性と自由の問題に論及する。それによれば、たとえばスピノザ主義や唯物論といった必然性が優勢な体系も、知識学のように自由を尊重する体系も、対立を二つの概念の従属関係によって解決しているため、右に述べられた課題を担う哲学としては不十分であるという（ibid.）。なぜなら、そのようなかたちで人間の相対立する意識を調停することは、「経験がある」という事実と不可分にある主体の現実的生という統一を不均衡に引き裂くからである。このような独自の合一理念にもとづき、ニートハンマーは常識と哲学の捉え方に関してあらためて次のような帰結を強調する。「哲学がそれ自身妥当なものとして承認されるべきであるとするならば、意識の全領域において絶対的に普遍的かつ必然的なものとして告げ知らされるものに、哲学が矛盾することがあってはならない」（ibid.）。

常識と哲学とのあいだに積極的な承認関係を築こうとするニートハンマーの試みは、同時代の観念論の潮流のなかでもおそらく特殊な位置にあり、通俗哲学を乗り越えつつもなお人間の日常的・経験的な生と思弁の結節点を模索しようとする点で、たしかに後のドイツ観念論の〈新たな啓蒙〉の精神に通じるかのような視点をそなえている。しかしながら、ここで問題となるのは、常識の妥当性要求と哲学の普遍性をそもそも同一地平において捉えることが可能なのかという点である。両者の超越論的な関係性についての洞察が正当なものであるとしても、まさしくそこで強調されたように哲学が経験の事実から開始されなければならないのであれば、知の経験こそは、常識の妥当要求が、哲学によって内容的にのみならず――要求の自明性そのものをも相対化するという意味で――形式的にも転倒しうることを私たちに教えている。その意味では、常識と哲学の関係に矛盾があってはならないとするニートハンマーの主張にはある種の素朴さが認められるだろう。そして常識と哲学の関係の捉え方それ自体に潜むこの素朴さこそが、『差異論文』で同種のテーマを取り上げるヘーゲルの考察の隠れた否定的契機となっているのではないかと思われる。その点の吟味も含めて、ヘーゲルの思索に移ってゆくことにしたい。

3　常識と思弁が「出会う」場所

ヘーゲルが常識を思弁との関係において本格的に論じるようになるのは、イェーナ時代初期のとくに『差異論文』からである。『差異論文』では、緒論の後にまず「今日の哲学的営為に見られるさまざまな形式」に関する批判的考察がなされるが、その一部として「常識に対する思弁の関係」が取り上げられている。ヘーゲルがニートハンマーによる常識の哲学をこの考察においてどの程度念頭においていたかということは必ずしも客観的に明らかではないが、内容の上で言うなら、そこにはかつてニートハンマーが先陣を切って展開した議論の道具立てや前提を見てとることもできる。(10) 以下では、試みに『差異論文』の当該箇所にニートハンマーとの一定の関連性を認めつつ、その難点を克服しようとするヘーゲルの議論の内実から、常識と思弁との関係をどのように捉えることが思弁哲学の遂行にあたって不可欠であったかという点を際立たせてみたい。

常識と哲学をめぐるヘーゲルとニートハンマーの捉え方の決定的な違いをあらかじめ示しておくならば、次のようになる。ニートハンマーの場合、二つの認識は相互に矛盾対立せず従属関係にもないかたちで調停可能であると結論づけられていた。それに対しヘーゲルの場合は、まず両者をいわば意識と無意識（知と無知）の構造によって捉え、常識の方には思弁的領域に対する無意識（無知）を、思弁の方には常識の限界に対する意識（知）を認めることにより、両者の分離状態を浮き彫りにする。端的に言えば、「思弁は常識をよく理解するが、常識の方は思弁の営みを理解しない」（GW. IV, 20）。ヘーゲルによれば、常識はたしかに哲学的反省に対して自らの知の妥当性を要求するが、そうした確信は意識ではなく「感情として現前する暗い全体性」（ibid.）にもとづいているにすぎず、直接的・現象的真理という制限されたかたちでしか絶対的なものと関わることができない。つまり常識は、「制限されたものとして認識するものを、制限されないものと、意識において合一することができない」（GW. IV, 21）。他方で思弁は、「常識にとって無意識にある同一性を意識に高める」（ibid.）。

常識は、同一性を無意識のまま要求し、分離や対立に関しては意識的である。それゆえ、分離し対立したものがそのまま意識された同一性にもたらされようとするとき、常識は限界ないし否定に直面し混乱に陥る。常識のこの否定状況は、まさしくニートハンマーが主張していた対立項の均衡を旨とする合一理念の限界を指摘するようなかたちで、次のように説明される。「次のような哲学体系のなかには、常識は否定（Vernichtung）しか見ないに違いない。すなわち、対立するものの一方を（……）絶対的なものへと高め、他方を否定することによって分裂を止揚することで、意識された同一性の要求を満たす諸体系である」（ibid.）。ヘーゲルによれば、「暗い全体性」しか把握できず、対立に関しては意識的である常識は、対立項の一方が他方に対して絶対的なものに高められたとき、一方の有限なもの（制限されたもの）が他方に対して不当に高められたようにしか捉えられない。しかしながら、思弁的思考によって見るならば、そのさい有限なもの（制限されたもの）はその限定性を廃棄して無限なもの（制限されないもの）へと生成していることがわかる。ヘーゲルは、ニートハンマーが斥けたいわば不均衡な体系において真に生じている事態を、まさしく彼の叙述に重ね合わせるかのようなかたちで説明する。すなわち、「唯物論者の物質、あるいは観念論者の自我であれば——前者はもはや対立させ形成する作用として生命をもつ死せる物質ではないし——後者はもはや経験的意識ではなく、制限されたものとして無限なものを自らの外に定立せざるをえないものではないのである」（GW. IV, 22）。自由と必然性の対立がこれらの哲学体系において具体的にそれぞれどのような思弁的思考によって止揚されているかという考察にまで本章で踏み込むことはできない。だが、ヘーゲル自身がここで絶対的同一性の理念をもちだしていることは明らかであろう。このとき、矛盾なく均衡の保たれた体系を目指す「思弁理性の関心」（A.40）をそなえていたはずのニートハンマーの哲学は、それ自体が常識的見地に等しいものとして批判にさらされたのだといえる。

とはいえ、常識という認識そのものと、ニートハンマーのように常識と哲学を調停する立場、そしてヘーゲルの思弁哲学とのあいだには、懸隔が横たわったままなのだろうか。このような問いに対しては、「常識に対する思弁の関係」の最後の言葉が示唆深い。

常識にとっては思弁の否定作用の側面のみが現れるにすぎないとしても、この否定作用でさえその全範囲において現れはしない。もし常識がこの範囲を捉えることができるなら、常識は思弁を自らの敵とは見なさないであろう。というのも、思弁は意識的なものと無意識的なものとの最高の綜合において、意識そのものの否定をも要求するからである。これによって理性は、自己の絶対的同一性の反省作用、自己の知および自己自身をも自己自身の深淵に沈めるのであり、かくして、この深淵のなかで、すなわち単なる反省と論弁的悟性にとっては夜にほかならないこの生の真昼のなかで、常識と思弁とは出会うことができるのである。

（GW. IV, 23）

ここには、意識の自己超出をともなう絶対的同一性の原理が端的に言い表されているように思われる。思弁は確かに常識の無意識的な同一性を意識的な同一性に高めるが、そのことによって常識の無意識を全面的かつ不可逆的に無化したり、思弁に対する常識の領分をことごとく奪ったりするわけではない。思弁は自らの意識をもさらに否定することで、常識の有限性も無限性も両方自らのうちに生成の可能性とともに保つことができる思考である。

前節で見たように、ニートハンマーは、意識の諸形態が体系的合一へともたらされるさいに「主体の統一」が「廃棄（aufheben）」されることがあってはならないと説いていた。しかしそれに対して『差異論文』のヘーゲルは、常識と思弁のあいだに認識レベルの矛盾を見いだしつつも、両者の無意識と意識を右に述べたような絶対的同一性においてで知る思弁理性にこそ、自らの有限性を「止揚」しうる生きた主体の統一的あり方を認める。この有限から無限へと高まりうる主体の動的な統一が、常識と思弁が出会う場所となるのではないだろうか。

「常識に対する思弁の関係」の洞察において否定的媒介となったのは、通俗哲学や直接知といった立場にとどまらない。そこでは、ニートハンマーのように二つを均衡的統一において調停しようとする捉え方までもが、ふたたび常識の闇にとらわれた立場として批判されている。常識と思弁の関係をめぐる問いや応答、洞察そのものは、どのような思考の次元において遂行されなければならないのか――ヘーゲルは、こうした知の地平にまで踏み込んで考察をおこない、まさしくそこで得られる視座にこそ思弁の本領を見定めているように思われる。

常識と思弁の〈あいだ〉をめぐるアポリアに対峙する思索は、とりわけプラトンの〈洞窟の比喩〉というきわめて象徴的な叙述以来、今日にいたるまで哲学の基本的な関心事でありつづけてきた。哲学史を貫くこの現象が、さらにどのような根本的問いに突き動かされているのかということについては、アーレントが核心に迫った考察をおこなっている。彼女によれば、哲学のそうした関心は根本的には、たとえばソクラテス裁判に代表されるような、多数者による哲学への排撃に何かしら応答することを目的に生じてきているのではない。常識と思弁は、そのように単なる多数者と少数者との外的な対立関係において説明されるものではない。むしろ、常識への信頼も、それを超出する思弁への要求も、哲学はその歴史全体を通じて、はじめから内的な葛藤として自らのうちに抱懐してきたのだという。アーレントは言う。「哲学史全体は、思考の対象については多くのことを教え、思考の過程や思考する自我の経験についてはほとんど教えてくれないのだが、この歴史を貫いて人間の常識と人間の思考の能力、理性の要求との間に内輪争い（*intramural warfare*）がおこなわれているのである」[11]――。この言葉に照らしてみるなら、以上に見てきたニートハンマーとヘーゲルの思索こそは、常識と思弁との関係性の探究を哲学の立場において遂行するという意味で、この「内輪争い」を自覚的に引き受けたものだったといえる。比喩的な言い方をするならば、ニートハンマーがこの「内輪争い」そのものの収束点を模索した一方で、ヘーゲルは争いを争いのまま、ひとつの全体的運動において捉えることを通じて、「内輪」の輪郭（＝哲学における思弁的思考の活動性）を描きだしていったのである。

第三章　思弁哲学の公教性と秘教性

哲学のうちに共在する公教性（Exoterik）と秘教性（Esoterik）という二つの性質は、哲学の内外から生じてくるさまざまな要求に応じて、いずれかが前景へと引き立てられ、あるいは後景に退けられるなどして、時代の政治的・文化的・学問的状況を巻き込みながら弁証法的に規定されてきた。哲学の公教性・秘教性の区別と関係性をめぐる問題は、〈哲学は（誰／何に対して）開かれ／閉じられているのか〉という問いと結びつくかぎり、元来のアカデメイアの語法の枠を越え、実質的には、ソフィストとソクラテスの争いから現代にいたるまで、哲学について抱かれる大きな関心でありつづけているだろう(1)。本章ではこの大きな問題史のなかから、公教性・秘教性に関して表面的にはおよそ相容れない立場をとった近代ドイツの啓蒙と思弁的観念論の哲学を取り上げ、とくに前者を批判する後者のなかから葛藤のように生起してくる問い、すなわち〈本性上秘教的な思弁哲学の公教性とは何か〉という問題に迫りたい。

近代ドイツの啓蒙は、哲学を権威ある場所から市民社会へと開放した。しかしその後、批判哲学を経て登場してきたシェリングやヘーゲルなどの思弁的観念論においては、啓蒙のもたらした通俗哲学が徹底的に批判の的となり、後述するように哲学の本性上の秘教が改めて強調されることになった。こうした経緯は一見、急進から保守への単なる揺り戻しとも取れようが、しかし重要なのは、思弁的観念論において哲学の公教性という論点がまったく等閑に付されてしまったわけではなく、むしろとくにヘーゲルにあってそれは通俗性とは別のかたちで逆説的に問い直されており、その意味では公教性の概念そのものが反省を経ていっそう具体的な意義を獲得しているということである。本性上秘教的である思弁哲学の公教性とは何を意味するのだろうか。通俗哲学が推進した〈一般的なわかりやすさ（Allgemeinverständlichkeit）〉に異を唱えつつ、だからといって啓蒙の光を断つほどまでに自らを秘教化するわけでもない——このような隘路にあってなお哲学の公教性なるものを見定めようとする思弁的観念論の取り組みの背後に、人文主義という大きな流れがあることは無視できないが、(2) 以下ではとくに、シェリングの同一哲学との訣別というヘーゲルの思弁哲学の成立に欠かせない契機を考慮しながら、「万人」をいざなう思弁哲学の方法と可能性について検討してみることにしたい。

1　「哲学は本性上秘教的である」

哲学史的な源流を最初に概観しておくと、「公教性」の概念についてある程度明確な定義を与えた端緒となるのはアリストテレスの語法だと言われる。(3) アリストテレスは、「公教的」という語を「外むけの所説・公刊の書における所説（exoterikoi logoi）」という言葉に用いている。この「所説」が、初学者向けの書物『哲学のすすめ（プロトレプティコス）』や、その他学園外向けの非専門的な講述を指していることから、アリストテレスは公教性の含意として、哲学の導入としての（propädeutisch）開かれたあり方、また専門外の学徒に対して開かれた哲学のあり方を想定していることがひとまずわかる。対概念である「秘教性」については、「口伝的・秘伝的なもの（akroatika）」という言葉があり、こちらはアリストテレスの場合、選び抜かれた者のための、より高い専

門性を要する哲学の講義を指していたのだという。(4)

古代ギリシアのこうした含意はしかし、時代がくだるにつれ流動化し重層的なものとなる。このことは、公教性・秘教性という言葉が、それ自体で何か自立的な概念を担っているわけではなく、むしろそれらを通して表明される哲学的言説の内容を読み解いてはじめて意味を帯びてくる性格のものだということを物語っている。(5)

近代においてわき起こった哲学の公教性・秘教性をめぐる議論には美学的な文脈と教育・教養論的な文脈がある。これらはもちろん、シラーの「美的教育」や「美しい文体」論、また哲学と詩芸術の融合による真の啓蒙を宣言したシェリングとヘーゲルの「ドイツ観念論最古の体系プログラム」（一七九六／九七年）においては、一体のものとして考察されていた。(6) しかし後のイェーナ時代のシェリングとヘーゲルを見てみると、図式的な言い方になるが、それぞれの公教性・秘教性をめぐる関心は、いずれか一方の文脈に集中している観が否めない。シェリングの『ブルーノ』（一八〇二年）とヘーゲルの「哲学的批判一般の本質について、とくに哲学的批判と哲学の現状との関係について」（一八〇二年、以下「哲学的批判論文」と略）は、共に「哲学は本性上秘教的である」というテーゼを立てながらも、そうした各々の関心を顕著に際立たせている。以下、この一見共通のテーゼを軸に、シェリングとヘーゲルの思弁的観念論の立場がそれぞれどのように固有のかたちで表明されているのかを見てみよう。

1・1　シェリングにおける哲学の秘教性と芸術

近代美学の成立期においては、哲学とは異なる仕方で理念に関わる芸術固有の機能を探究し確立しようとする動きのなかで、「美的なもの」と「学問的（論理的）なもの」が、それぞれ「公教的なもの」と「秘教的なもの」

という対応関係において考えられた[7]。シェリングの美的観念論もまたこの対応関係を踏まえている。『ブルーノ』の序盤では、神話と密儀（Mysterien）、詩人と哲学者の関係性が対話の関心事となっている。シェリングによれば、美と真理とは相互に偶然的な関係にあるのではなく、「永遠なものの理念」（SW. IV, 228）を共有することから、必然的に一にして同一のものとして直観されなければならない。この原理にもとづき、詩芸術（Poesie）と哲学も究極的には統一態（Einheit）であることも証明される。しかしながら、その理念の示し方は詩芸術と哲学とで異なる。この差異は、まさにイデア論的伝統に則ったもので、諸事物を介して理念の「模像（Abbild）」を描出するのが詩人、理念をその「原像（Urbild）」において認識するのが哲学者であるとされる。このとき、それぞれの理念の示し方が、次のように「公教的」「秘教的」という言葉で語られる。

シェリングは詩人について、「彼〔産み出す者〕のわざ（Kunst）は必然的に公教的である」（SW. IV, 231）という。芸術家のわざが公教的とされるのは、次の理由による。すなわち、「神的なものを理解している人々に対して、すべての秘密のなかで最も伏蔵されている（verborgenst）秘密を、つまり神的な本質と自然的な本質の統一態、それもそのうちにはいかなる対立もないようなあの最も浄福な自然の内面的なものを、それとは知らないで顕わにする（offenbaren）」（ibid.）からである。

他方、哲学（者）については次のように言われる。「哲学は、その本性上、必然的に秘教的なのだ。それは内密に保持される必要はなく、むしろそれ自身によって秘教的なのだ」（SW. IV, 232）。哲学が秘教的であるのは、詩人が「それとは知らないで外面的に実行しているのと同じ礼拝（Gottesdienst）を、内面的に実行している」（SW. IV, 231）からである。そしてこの密儀に比せられる哲学の目的とは、「人間が普段はただそれの諸々の模像を見るのが慣わしとなっているもの、そのようなもののすべてについて、諸々の原像を人間に示すこと」（SW.

IV, 233）なのだという。

『ブルーノ』を見るかぎり、シェリングは、美と真理の一にして同一の理念への関わりにおいて、芸術と哲学にそれぞれ固有の役割を与え、隠されたものを外面的な仕方で写しとって模像としてでも描きだすことを「公教的」、隠されたものを隠されたままの自体的なかたちで内的に受けとることを「秘教的」と規定している。密儀に比せられる哲学の秘教性は、単に哲学が思考のための諸々の素材、方法論、卓越した伝統的教説その他に与る厳密な学問体系であるという点にあるではなく、それらが根本的に「知的直観」に与っているところにある。同時期の『哲学体系の詳述』（一八〇二年）を参照すると、知的直観の自明性、そして或る種の特権性が次のように述べられている。「厳密に学的な構成をおこなう哲学者にとって、知的直観や理性の直観は明白なもの（etwas Entschiedenes）であり、これに関してはいかなる疑いも立てられず、いかなる説明も必要とはされない。知的直観は、端的に、そして一切の要求なしに前提されるものであって、この点では哲学の公準（Postulat）とすら呼ばれえない」（SW.IV,361）。シェリングの同一哲学が目指す実在と観念の「絶対的無差別」を認識するためには、なによりまずこの知的直観に通じることが端初となる。しかも、この知的直観にもとづく厳密な哲学には、「哲学への通路を厳しく遮断」し、「一般の（gemein）知から隔離する」ことこそが求められるのだという（SW. IV,362）。

翻って、芸術の公教性についてはどうであろうか。芸術と哲学の役割を区別した上でシェリングは「芸術の哲学（Philosophie der Kunst）」を構築し、両者に固有の役割を統一的に把握するところに、「実在的なもの」と「観念的なもの」、「客体的なもの」と「主体的なもの」といった対立の絶対的な結合点を見ようとする。『ブルーノ』および『哲学体系の詳述』とほぼ同時期の一八〇二／〇三年と一八〇四／〇五年に、シェリングはこの「芸術の哲学」の講義をおこなっている。ここでその詳細を明らかにすることはできかねるのだが、「芸術の哲学」講義ではとくに、知的直観によって内的にしか呈示されない無限なものの原像が、「天才」のわざによる芸術作品によってはじめて客観化される様、つまり芸術の公教性が、さまざまな芸術の形態を通じて論じられている（vgl. SW. V, 369, 460）。

ところで、一般的に言って公教性の概念には、何か或るものを開示するということの他に、或るものを開示する側と開示される側の存在が前提として含まれていると考えられる。その場合、以上に概観してきたシェリングの哲学にむけて、開示される者（たち）の所在を問うことが許されるなら、それはどこにあるといえるだろうか。「芸術の哲学」の意義は、「哲学が〔芸術への〕感受能力（Sinn）を与える」とか、「哲学が〔芸術への〕判断を、それが本性的に与えられていない人に付与する」などということにあるのではないという（SW. V, 361）。「芸術の哲学」で遂行されているのはただ、「芸術への真の感受能力が具体的なもののうちに直観するところのものを、哲学が理念のうちに不変的な仕方で言い表し、そのことを通じて真正な判断が規定される」（ibid.）ということなのだとされる。それによれば、芸術の公教性を享受する者の存在については「芸術の哲学」の内容にとって本質的ではないということになる。先鋭化させて言えば、シェリングの「芸術の哲学」の境地は、美的直観と知的直観に与る者たち、すなわち芸術家と哲学者との語らいということになるのではないだろうか。公教性・秘教性の意味を幅広く捉えたままに言うならば、「芸術の哲学」それ自体の公教性の所在が問われる余地は、なおありうるように思われる。

1・2　『哲学的批判一般の本質について』――ヘーゲルの通俗哲学批判

『ブルーノ』刊行と同じ一八〇二年に、『哲学批判雑誌』(一八〇二―〇三年、シェリング・ヘーゲル共同編集)の全体的な緒論として、ヘーゲルは「哲学的批判論文」を発表している。(8) この論文でヘーゲルはまず『哲学批判雑誌』の基本的立場として、哲学的批判がつねに哲学の理念という尺度を有したものでなければならないということを表明し、この立場から、当時のドイツ哲学を支配していた「動揺と本質不安定の精神」(GW. IV, 126) のさまざまな形態を指摘してゆく。

その批判の的となるもののひとつに、啓蒙の精神を汲んで流布した「通俗哲学」の所業が挙げられる。通俗哲学は一般に、哲学を旧来の形式論理学や形而上学的思弁の様式から開放して「一般的なわかりやすさ／悟性性」を重視し、「健全な人間悟性／常識」の日常的意識に定位した語り口によって人間理解の幅を拡張しようとした試みといえる。だがこのような哲学の通俗化の努力について、ヘーゲルは、それが理念を追求する知の「真摯さ(Ernst)」を犠牲にして、平易なかたちで何かしら哲学的なものを語ろうとするかぎりで空虚な営みだと直ちに批判する (GW. IV, 120)。ヘーゲルによれば、批判哲学における悟性と理性の把握の仕方――悟性概念は経験に密接に関わり、理性は誤謬推理やアンチノミーに陥る――が、期せずして以後の学問の関心をとりわけ悟性と経験の領野へと促し、その結果として通俗哲学が発展する素地ができあがってしまったのだという。このとき、哲学的理念という本来自らを超えたものを悟性が悟性的な仕方によってしか理解しようとしないというのが、ヘーゲルの見る通俗哲学の実態である。

悟性的にのみ考えられた哲学は、文字通りわかりやすい (verständlich) 哲学以上のものではありえず、その意味で限定された哲学のかたちでしかない。古代ギリシアに言われるように哲学が「無知の知」や「驚き」に始まるとするならば、知に始まり知に終わる哲学など本性上ありえない。まして、そのような通俗性をもって哲学の公教性と解することはできない。ヘーゲルは通俗哲学の公教性に異を唱え、哲学の秘教性を次のようにあらためて強調する。

哲学的な諸理念が現れるやいなや、ただちにその理念を通俗的に（populär）、ないしは本来的に一般の（gemein）ものにしようとしてしまう方式にはまったく短所しかない。哲学は、その本性上、何か秘教的なものであり、対自的にいえば庶民のためにつくられたものではないし、庶民のために用意しうるようなものでもない。哲学が哲学たりうるのはただ、哲学が悟性にまさしく対立すること、またそれゆえになお、人間の地域的・現世的な制約が見てとれるような常識とはいっそう強く対立することによってのみである。こうした常識との関係でいえば、哲学の世界は即かつ対自的に転倒された世界なのである。（GW. IV, 124-125）

哲学にあっても自由と平等が重んじられた啓蒙の時代に、哲学を世間へと開放しようとした通俗哲学の努力にはすでに一定の成果が認められつつあった(9)。そのようななか、真の哲学と通俗化された哲学とを区別しようとするヘーゲルの批判は、哲学の内容と叙述との媒介が恣意的であるという啓蒙の脆弱さを暴きだしはしたが、しかし同時に、そこで要求される通俗性とは別なる公教性のあり方は、哲学と世間との乖離を決定づけるかのような仮借なさを窺わせるところがある。とはいえ、ここであらためて哲学の秘教性を説くヘーゲルの意図は、単に啓蒙以前の権威や伝統に根ざした哲学の状態にふたたび回帰することにあるのではない。ヘーゲルは、「啓蒙理性」を僭称する常識的悟性が、自らの規定を限定と捉え無限なものを探究するという理性の本来のあり方を忘却している状況を、自覚へともたらし、悟性が理性へと自己超出する可能性を説こうとしているのである。それは哲学する主体にとって、単なる知の拡張ではなく、つねに学識ある無知をともなう思弁理性による知と無知の弁証法である。「転倒された世界」という言葉にも示唆されているように、ここでの哲学の秘教性とは、知的直観というよりも、そのように知と無知の弁証法のなかにつねに現れてきて、そのつど越えられてゆく壁面の存在を意味していると考えることができよう。したがって、ヘーゲルは哲学が民衆のものとはなりえないという意味で秘教的だと言っているのではなく、「哲学は民衆（Volk）が哲学にまで高まる可能性を認めなければならないが、だからといって民衆にまで自らを貶めてはならない」（GW. IV, 125）と言うのである。この〈哲学への高まり〉という観点こそは、通俗性とは別なる哲学の公教性につながってゆくのだが、これについては次の節で検討する。

シェリングとヘーゲルを「哲学は本性上秘教的である」という言明へと駆り立てるコンテクストにそれぞれ独自性が存していることは、以上より理解される。端的に言うならまず、公教的なものと秘教的なものの関係を、シェリングは芸術と哲学の関係として捉え、ヘーゲルは哲学そのもののなかで問題化しうる関係として捉えている。そしてシェリングの方は、天才の手になる芸術作品を介して公教化された理念について、あくまでもふたたび秘教的な知的直観の立場からいわば啓示的に語っており、「芸術の哲学」を学ぶ主体を当の知的直観へといざなうための形式に関しては反省の対象外としているように思われる。他方でヘーゲルは、美学的な文脈を離れ、「わかりやすさ／悟性性」を手段でなく目的とするような通俗哲学的公教性への批判を介して、悟性および民衆にとって哲学的理念がつねに秘教的でありつづけながらも、それへと高まる可能性がなければならないという、教育・教養論的な公教性の形式を要求している。

哲学の秘教性・公教性に関してヘーゲルが美学的文脈を踏襲していないことは、いわゆる「芸術終焉論」の一環として説明することもできようが、しかし「哲学的批判論文」でヘーゲルは哲学と芸術の差異に別段積極的に論及しているわけではない。むしろ注目すべきは、ヘーゲルが公教性・秘教性の概念を、アレクサンダー大王のエピソードを援用しつつアリストテレスの語法すなわち「外向けの所説」と「専門家向けの所説」という意味で理解しているという点である(10)。このことからも、公教性と秘教性がヘーゲルにおいて教育・教養論的な文脈で問題とされていることが裏づけられる。シェリングに対するヘーゲルの独自性を敢えて照らしだすならば、「哲学は民衆が哲学にまで高まる可能性を認めなければならないということ」、つまり哲学は哲学の秘教性に参与する可能性を万人に対して開かなければならないという問題意識が、ヘーゲルにおいて顕在化しているという点が挙げられるだろう。

2　ヘーゲルにおける思弁哲学の公教性――「わかりやすさ／悟性性」とは何か

「哲学的批判論文」のなかでヘーゲルは、啓蒙思想の影響下にある同時代の哲学のうちで「哲学の理念」を見失いつつあるものをとくに「非哲学（Unphilosophie）」と呼んでいる。しかしこの仮借ない否定表現は、関係性の拒絶を意味するのではない。哲学的批判は、批判の基準としてすでにそなわり、批判がつねに「奉仕する」ところの理念の視点から、「非哲学」の否定性を媒介的に捉えようとするものでなければならない。「この〔非哲学の〕否定的側面が自らをどのように言い表しているか、またそれがひとつの現象をもつかぎりにおいて浅薄さとなるような自らの非存在をどのように告白しているか、を語ること」（GW. IV, 119）が哲学的批判の仕事であると言われるとき、「非哲学」はすでに批判を介して理念と通じるものに変容している。ヘーゲルのこの発言がもちろん、その後相次いで『哲学批判雑誌』に発表された諸論稿（「懐疑論と哲学の関係」「信と知」「自然法論文」など）のすべてにおいて適用されることになるわけだが、「非哲学」への理念的批判は『精神現象学』（一八〇七年）において結実をみたといえるだろう。『精神現象学』では、「哲学的批判論文」で「非哲学」の特徴のひとつとして先のように批判の的となった「わかりやすさ／悟性性」の要求が、学へと高まる一般的な意識に不可欠の契機として、次のようにより積極的に捉え直されているのである。[11]

学のわかりやすい（verständig）形式は、万人に提供され、万人にとって等しくつくられた学への道である。悟性を通って理性的知に達するということは、学に向かってゆく意識の正当な要求である。というのも、悟性は思考であり、純粋自我一般だからである。そして悟性的なもの（das Verständige）はすでに周知のもの（das schon Bekannte）であり、学と学的でない意識とに共通のものであり、この共通のものを通り抜けることで、学的でない意識は直接学のなかに歩み入ることができるからである。（GW. IX, 15-16）

悟性から理性への自己超出という知の弁証法的な捉え方は、一八〇一年の『差異論文』の時点ですでにカント的二元論を克服する方途として確立されている。しかし、『精神現象学』でふたたびこのように提示される悟性と理性の弁証法には、悟性から理性への生成モデルだけではなく、この生成が限られた者の洗練された直観的思考力にゆだねられるのではなく「万人」に開かれた〈導入〉としても語られなければならないという、さらなる反省が加わっている。『精神現象学』序文で名指すことなくおこなわれたシェリングの同一哲学批判は有名であるが、「わかりやすさ／悟性性」をそなえた哲学の導入形式の必要性もまた、シェリングと対比するかのような言い方で説かれている。

この〔形式が〕作られて／養成されて（Ausbildung）いなければ、学は一般的なわかりやすさ／悟性性（die allgemeine Verständlichkeit）を欠くことになり、幾人かの個人の秘教的な所有物であるかのような観を呈する。秘教的所有物だというのは、学がようやくその概念のうちに現存しているにすぎなかったり、あるいはその内なるものが現存しているにすぎないからである。幾人かの個人だというのは、学の現れが展開されておらず、それが学の現存在を個別的なものにしているからである。完全に規定されたものであってはじめて、公教的なもの、概念把握できるものであると同時に、学ばれて、万人の所有物となりうるのである。

（GW. IX, 15）

ここでの「秘教的」という言葉が、弁証法的な意味での秘教性ではなく、いかなる説明の余地もなく自明でしかも完全に内的な、「哲学者」にとっての知的直観の立場を指し示していることは明らかだろうと思う。その意味での秘教性に対して、ヘーゲルはここではっきりと哲学の公教性のあるべきかたち――哲学が「わかりやすさ／悟性性」を求める一般的意識の境位をいざなう形式をそなえていること――を規定している。

ただし、ヘーゲルが哲学の公教性に求める「わかりやすさ／悟性性」は、公教的なものを美的なものとの関係で規定しようとする近代美学ひいては「芸術の哲学」の関心事からは、もはや隔てられているどころかまったく相容れない。何か美的なもの（たとえば「美しい文体」や芸術作品）を通じて哲学の公教的な形式が得られるわけではないのである。むしろ、「力なき美は、悟性が美にできないことを強く要求するゆえ、悟性をきらう」（GW. IX, 27）という言葉に、美と悟性の関係性が言い表されている。分析し（analysieren）、分離する（scheiden）作業を通じて、「よく知られた／周知の（bekannt）」（ibid.）固定的で静態的な規定（思想）を生みだす悟性のはたらきは、知的直観から見れば下位の認識であり、まして美の理念の実現を天才による無為の直観に託した芸術の哲学においても積極的意味をもつものではない。しかしヘーゲルはその悟性のはたらきについて、「最も不思議で偉大な、あるいはむしろ絶対的な威力」（ibid.）とこの上ない賛辞を与えている。たしかに悟性認識は、精神の現実の豊饒さを、或る抽象的なかたちで規定するという限定のあるはたらきだが、このことは、悟性が本来自らによってはまったく把握不可能なものを対象としているという事態以上の意味を担っている。この豊饒さの把握というのは、悟性の限りある規定作用が限りあるものとして自覚され、規定内容にとどまらずそれが抽象されたところの当のものに近づいてゆくという自己否定の力を発揮することによってはじめて遂げられる。このとき、悟性を思弁理性の境位にいざなうとともに、悟性から「否定的なもののとてつもない威力」（ibid.）を引き出すための形式――これは『精神現象学』の「意識の経験の学」という方法そのものといえる――を用意することこそが、思弁哲学の公教性をなすといえるのではないだろうか。

以上、イェーナ時代のシェリング、ヘーゲルが展開した哲学の公教性と秘教性をめぐる思索をたどり、とくにヘーゲルが思弁哲学に不可欠の要素として見直した哲学の導入的側面と悟性との密接な関係性について考察してきた。哲学が、知と無知の弁証法から絶対的なものの理念を投企的に把握してゆく思弁の営みであるかぎり、本性上秘教的でありつづけるということは、ヘーゲルにとって揺るぎのない事柄であるだろう。ただし、この哲学の秘教性それ自体へと、すべての知をいざなうための形式を構築することもまたヘーゲルの企図としてあった。こうした意味での思弁哲学の公教性は結果として、近代美学および「芸術の哲学」、そして通俗哲学の枠組みを否定的媒介としながら、哲学の教育・教養論的なあり方への問いをより具体的に際立たせるものとなっている。この問題意識のさらなる展開は、ニュルンベルク時代の哲学入門講義と数々の教育的所見に見ることができる。(12)『精神現象学』では、通俗哲学も含めた近代の啓蒙精神の振舞いが、現実の一切を自己の枠組みに還元して把握しようとする「純粋透見（die reine Einsicht）」という名の下で叙述されている。一般に本来、「啓蒙」とはすべての時代におこなわれているのだとするならば、(13)本性上秘教的なものである哲学に公教性を与えようとしたヘーゲルの思弁哲学は、逆説的な言い方ではあるが、この「純粋透見」という名の蒙をひらく試みであったといえるのではないか。なぜなら、「わかりやすさ／悟性性」が「否定の威力」を帯びるとき、そこにはすでに思弁的なものの難解さに直面するという事態が生じているからである。

第四章　共通感覚と共通知の哲学

あらゆる学問が既知のものから未知のものへと向かう思考から成り立っているのは確かなことだが、哲学の場合はこうした知的探究が、そもそも知っているとはどういうことか、私たちは何を知りうるのか、という知そのものの探究、つまり反省的な問いの領域にまで及んで展開される。そのさい既知のものや既存の知の枠組みは、ソクラテスの〈無知の知〉の弁証法に明らかなように、哲学的思考によってしばしば臆見《ドクサ》と見なされ、新たな知に向かうための否定的契機として扱われることになる。こうした哲学固有の方法が、私たちの思考をさまざまな誤謬から解放し、囚われのない新たな視野へと導く役割を果たしうることは確かである。しかし翻って、イデア論におけるように通常の思考と哲学とのあいだの隔たりが二元論へと還元され、私たちが外的・内的世界に生きるなかで疑うことなく抱いている諸々の心情や確信は非本質的なものであり、哲学的思考とその対象にこそ本質的なものがあると見なされるとき、哲学はその現実性を自ら失ってしまうだろう。自然的思考の臆見《ドクサ》が哲学的推論をいかに阻むものであるにせよ、そうした思考を担う主体が実際に経験する確信や自明性それ自体を否定することはできない。哲学的思考がこの確信の領域にアプローチし、何らかのかたちで自らに有機的に関連づけることがなければ、知そのものの探究という哲学の課題は、知全体のアクチュアリティを保つことができないという点で意味をなさなくなるように思われる。

では、そのような関連づけはいかにして可能となるのだろうか。本章ではこの根本的な問いを多少なりとも解き明かすために、近代ヨーロッパの哲学者トマス・リード、フリードリヒ・ハインリヒ・ヤコービ、ヘーゲルの思想から、彼らがそれぞれ問題にした共通感覚（常識）・信念・共通知といった確信について取り上げ、哲学的理性と、理性以前の次元で（あるいは理性と同時に）私たちがもっている一定の確信とが関連しあうことのできるいわば中間的な領域において、それらの確信が単なる臆見《ドクサ》という位置づけ以上に果たしうる役割の可能性について考察することにしたい。

1　トマス・リードと共通感覚《コモン・センス》の哲学

スコットランド学派は、シャフツベリ、ハチソン、ケイムズ卿の思想を淵源とし、近世・近代のイギリス哲学界において強い存在感を示していたヒュームの認識論的懐疑主義やホッブズ、マンデヴィルの道徳的懐疑主義に対抗して、「共通感覚《コモン・センス》／常識」を基本原理とする哲学をうち立てようとした思想家たちである。本節では、スコットランド学派の創始者とされるリードの哲学を取り上げ、彼の主張する共通感覚の基本概念と、この概念を哲学の中心的原理に据えることの意味について考察する。

リードの共通感覚概念は、『共通感覚の原理にもとづく人間精神の研究』（一七六四年、以下『人間精神の研究』と略記）、『人間の知的能力論』（一七八五年）の二つの著作を通じて明瞭に説かれている。前者では五感に焦点をあてた認識論、後者では判断論の文脈から、哲学における共通感覚の位置づけがそれぞれ論じられており、また書かれた年代も異なるので、ここでは順を追ってそれぞれの著作に即してリードの共通感覚概念を素描してゆくことにしよう。

『人間精神の研究』の目的は、冒頭の献辞によれば、「この時代にあって共通感覚と理性を当惑させることをたくらんだ懐疑的にさまつな議論に対し、人類の共通感覚と理性を正当化すること、神がお造りになったものの中でも最も高等な部分に新たな光を投じること」(HM.96) だと言われる。(1) リードはこの著作で、デカルト、マルブランシュ、ロック、バークリー、ヒュームによって築かれてきた認識論の体系が最終的にたどり着いた懐疑主義という帰結に異を唱え、従来およそ否定的な位置づけしか与えられてこなかった共通感覚の哲学的意義を新たに問い直し、共通感覚に定位した人間知性の原理を独自の認識論としてうち立てようと試みた。この試みは、ヒュームの懐疑主義がもとづく原理、すなわち「知覚する心のなかにあるもの以外は何も知覚されない、私たちは外的な事物を本当は知覚せず、そうした事物が心に刻印した像や映像〔印象や観念〕しか知覚しない」(ibid.) とする「観念学説／観念論 (theory of ideas)」を批判した上で、共通感覚の次元で語られる「オリジナルな知覚の原理」を新たに提示するというかたちでおこなわれた。

リードをこのような動機へと駆り立てたのはヒュームの『人間本性論』(一七三九年) である。周知のように、ヒュームは『人間本性論』において、原因と結果の必然的結合にアプリオリな合理的根拠を見いだすことはできず、因果性の観念はすべて、観念の形成以前に経験される「印象」に強く依存する蓋然的なものでしかないと結論づけた。私たちは経験のなかで、ある印象とそれに引き続いて恒常的にともなってくる印象の関係を観察し、両者の結びつきを、そのつど新たに推論するのではなく、両者のあいだの移行が過去に何度も習慣的に繰り返されたことから生じる「信念 (belief)」によって確証する。同様にして人間の精神もまた、ヒュームの懐疑主義的帰結によれば、従来当然存在するものと考えられてきた思考実体を伴うものとはいえず、それは「思いもよらな

い速さで相互に継起し、たえず変化し、運動しつづけるさまざまな知覚の束あるいは集合にほかならない」とされる。(2)

『人間精神の研究』におけるリードのヒューム批判の主な論点は、信念の由来が単に習慣によるものとしか説明されていないということ、ひいてはこうした帰結が人間知性における知覚的営為の拡がりを矮小化させ、哲学知を人間の共通感覚からかけ離れたものにしてしまうということにある。因果性の観念や精神の観念がある信念によって成り立つことについてはリードも同意するところであるが、この信念のありかが、思考のあらゆる対象を印象と観念へと還元し思考主体の存在すら疑う観念論の原理によって導きだされるとき、リードはそこに不合理かつ非現実な思弁へと傾いた哲学の「危機」を見てとるのである。リードは「徐々に事物に取ってかわるようになった」(HM.109) 観念の歴史を振り返った上で、ヒュームにいたってたどり着いた懐疑主義的観念論の異様さを次のように揶揄する。

思考や観念が思考的存在者なしに存在するというのはたしかに非常に驚くべき発見だろう。その発見は、普通の仕方で考え推理するあわれな人びとには容易にたどれないほど途方もない帰結をともなう。私たちはいつも、思考は思考する人を、愛情は愛情を抱く人を、反逆は反逆する人を想定すると思いがちだったが、これらはどうやら間違いらしい。(……)『人間本性論』にはひとりの著者、それもきわめて独創的な著者が必要だと考えるのはごく自然と思われる。しかし、私たちは、それが連合と誘引によって互いに結合、配置された一群の観念であることを知らされるのである。結局この不思議な体系は、人間本性の現状にあてはまらないように思われる。共通感覚というつまらないものから清められた選りすぐりの人士の意にどれほどかな

うのか、私にはよくわからない。（HM.109-110）

リードはこのように素朴な観点からヒュームの哲学に無効宣言を下し、そこでは十分に注意の払われることがなかった共通感覚の原理に立ち返る必要があると説く。「もし私たちが本性上信じ、とくに日常生活では理由も挙げられずに当然視しなければならない諸々の原理があるとすれば、それらはいわゆる「共通感覚の原理」である。そしてそれらに明らかに反するのはいわゆる「不合理」である」（HM.108）。リードが最も重要と見なすのは、人間精神の本性に関する観念論的体系を築く以前に私たちが自明のものとしてもっている共通感覚に立脚し、そうした推論以前に確かに生じている知の内実に信念のよりどころを求めることにほかならない。

さて、ここで言われる共通感覚とは、理性推論によって形成されるのではなく、知覚的経験の場面において私たちに理屈抜きで本能的に生じるもので、それは感覚と感覚されたものの存在とを結びつける自然的な判断および信念にもとづいているとされる。『人間精神の研究』においてリードは、人間の五感が経験するさまざまな知覚現象を具体的に考察するなかで、そうした結びつきを可能にする「オリジナルな知覚」の領域に独自の方法で迫ってゆく。そこでリードがとった方法とはすなわち、「知覚において対象を提示する記号は、自然が人間に語りかける言語である」（HM.185）とした上で、「オリジナルな知覚」における感覚とその対象の存在の結びつきを、人間の自然言語とその指示内容がなす関係との類比によって説明しようとするものである。ごく簡潔に述べると、人間がさまざまな内容を伝達するための記号として用いる言語には、人為言語と自然言語の二種類があり、前者は使用者のあいだの契約と合意にもとづいた一定のルールによって表現される記号、後者は「あらゆる契約や合意に先立って、万人が本性的原理によって理解することを意味する記号」（HM.117）である。自然言語は、声の抑揚や身振りや顔の表情等からなり、これらを通じて人は自ら感じた内容、ひいては感じている心の状態を、人為言語以上に直接的かつリアルに表現し伝達することができる。リードはこの自然言語の機能と「オリジナルな知覚」のあいだに次のようなかたちで類比を見いだす。

オリジナルな知覚の記号は感覚であり、自然は意味表示される事物の多様性に応じてさまざまな感覚を私たちに与えた。自然は、記号と意味表示された事物のあいだに真の結びつきを確立した。自然は私たちに記号の解釈を教え、記号は経験以前に意味表示された事物を示唆し、この事物についての信念をもたらす。自然言語の記号は顔の表情、身体の動作、声の抑揚であり、それらの多様性は意味表示される事物の多様性に対応する。自然は、これらの記号と意味表示された思考および気質のあいだに真の結びつきを確立した。自然は私たちにこれらの記号の解釈を教え、記号は意味表示された事物を経験に先立って示唆し、それについての信念をもたらす。（HM.195）

以上のような類比的説明によって明らかになるのは文字通り常識的な帰結である。つまり、私が身体のどこかに痛みを感じるとき、私は単に痛みの思念を抱くだけではなく、痛みの事実と痛みの原因となる存在についての信念をもつ。私が眼の前の物を見るとき、私の視覚能力は単にこの物についての思念や単純把握だけではなく、その存在や形や距離や大きさについての信念をもたらす（HM.209）。リードによれば感覚とその対象の存在との結びつきについての信念は、観念論の理性推論による諸々の観念の比較や操作によってはじめて明らかにされるものではなく、感覚の本性そのものに含まれているのである。

『人間精神の研究』では以上のように、「共通感覚の原理」が知覚的営為の文脈から説明されたが、後の『人間の知的能力論』ではさらに共通感覚概念のより一般的な考察、ひいては共通感覚と理性ないし哲学との関係性についての考察がおこなわれている。興味深いのは、リードがまず「感覚」という語について、従来哲学において使われてきた意味とごく一般的な意味との違いを指摘し、後者の観点から共通感覚の意味を再定義しようと試みている点である。リードによれば、とりわけ近代の哲学者たちは、対象から印象や観念を受け取る能力である「感覚」と、これら観念を比較してそれらに必然的な一致・不一致を認める能力である「判断」とを区別してきた。たとえばハチソンの定義によれば感覚とは、「ある対象の存在から、私たちの意志とは独立に、諸々の観念を受け取る精神の規定」である。しかしリードは、このように論争の歴史のなかで判断や意志と切り離された哲学的な感覚概念からは共通感覚の意味するところを十全に理解することはできないとし、はっきりと次のように述べる。「一般的な意味では「感覚」はつねに判断を含んでいる。感覚《センス》のそなわった人とは判断のそなわった人である。よい感覚《センス》とはよい判断のことである。無感覚《ナンセンス》とは正しい判断に明らかに反することである。共通感覚とは、私たちが一緒に話し合ったり仕事の取引をしたりできる人びとと共通にもつ判断の度合いである」。『人間精神の研究』における懐疑主義的観念論への批判にもすでに見られたように、現実と乖離した哲学の語法や思考に対してリードはつねに共通感覚に定位する哲学の意義を唱えるが、それは共通感覚という概念の捉え方それ自体に関しても同様である。こうした態度には、共通感覚を語る哲学がそれ自身共通感覚を欠いてはならない、というリード哲学の流儀を見てとることもできよう。

とはいえ、リードによる共通感覚の哲学は、哲学的理性に背を向け、非理性的な知の素朴な営みを称賛することを目的とするものではない。むしろ人間知性において共通感覚と理性は本性上不可分であり、共通感覚は、理性がある自明な前提にもとづいていまだ自明でない結論を導きだそうと試みるとき、最初の契機となる自明な事柄に関して判断をおこなう役割を担うのだという。同様にまた、理性の導く結論が共通感覚に矛盾するものであってもならない。両者のこうした関係についてリードは次のように述べる。

> 共通感覚の仕事は確証よりも反証においてなすべきことの方が多い。諸々の真なる原理にもとづく妥当な推論によって引きだされた結論ならば共通感覚の決定に矛盾することは到底ありえない。なぜなら真理はつねに自己自身と一致しているからである。そしてこのような結論が共通感覚によって確証されることはありえない。なぜならそれは共通感覚の権能ではないからである。[5]

哲学史のなかでしばしば下位の認識区分や臆見《ドクサ》という位置づけを与えられてきた共通感覚は、リードのこうした結論においてその意義を覆されたことになるだろう。

ところで、共通感覚という既存の自明な確信が哲学的理性の推論の反証として機能するさい、観念論的理性が懐疑主義に偏向したのと同程度に、共通感覚の哲学が一種の独断論に陥る可能性は否定できないのではないか。また否定できないとすれば、そのような観念論批判はどこまで妥当性をもちうるのだろうか。次節ではこうした問題を念頭におきつつ、リードよりもさらにラディカルなかたちで既存の自明な確信を原理として掲げる〈信念の哲学〉によって観念論に決別を告げたヤコービの立場について考察する。

2　ヤコービと信念の哲学

一八世紀後半のドイツ近代哲学におけるスコットランド学派の影響作用史について論じたM・キューンの研究によれば、ヤコービの認識論においてリードの共通感覚の哲学が与えた影響は大きい。リードの著作へのアプローチと評価に関してはすでにヤコービの書簡のなかで言及されており、(6) 対話篇『デヴィッド・ヒュームの信念について、あるいは観念論と実在論』（一七八七年、以下『デヴィッド・ヒューム』と略記）では――リードへの直接的な言及が意外なほど少ないにもかかわらず――実質的にはヒュームの懐疑主義的観念論を、前節で見たようなリードの観念論批判に近い仕方でおこなっている。しかしながらヤコービがリードと決定的に異なるのは、後者を強く特徴づけていた共通感覚と哲学的理性の協働関係への積極的な論及があまり見受けられない点である。〈共通感覚の哲学〉の代わりにヤコービが向かったのは、観念論批判から導かれうるもうひとつの帰結としてのニヒリズムだった。以下、『デヴィッド・ヒューム』を中心に、ヤコービのリード受容とその行方について見てゆくことにしたい。

ヤコービの『デヴィッド・ヒューム』の目的は、初版の序文で明確に述べられているように、確実性を旨とする理性認識ではなく不確実な「感覚による単一な認識」(DH.v) (7) を自らの哲学の領分として展開すること、そして実在論者である自身の立場から観念論者に抗して、外界の諸事物の存在に対する確信がただひとえに、諸事物が与えられているという事実への「信念」にのみもとづいており、あらゆる認識はこの信念に由来するという主張を展開することにある。ヤコービによるGlaubeの哲学はすでに『スピノザ書簡』（一七八五年）でも表明されており、そこでは必然性や因果性といった論弁的な原理にのみ支えられたスピノザの汎神論の体系に抗して、そうした体系の根源的な出発点にもなっているはずである、神という超感性的なものの存在を直接的に感得する能力、すなわち「信仰」の次元を探究することが課題とされていた。ヤコービは Glaube という根源的な認識の内実を明らかにするために、この概念をメインとなる宗教的な文脈のみならず認識論的な文脈からも論じてみせた（Glaube の訳語は、前者の文脈では「信仰」、後者では「信念」とするのが適しているように思われる）[8]。他方で『デヴィッド・ヒューム』では、もっぱら認識論的文脈における信念の哲学が問題となる。

さて、ヤコービは自らの信念の哲学をあらためて説明するために、主として『人間知性研究』（一七四八年）から多くの紙数を割いて信念をめぐるヒュームの見解を援用しているが、彼のヒューム哲学に対する見方は両義的である。つまり彼は一方で、対象や出来事の習慣的な継起を根拠とする信念があらゆる認識の起源となっているという点については基本的にヒュームの考えに同意するが、他方では、あらかじめ序文で宣言されていた実在論者としての立場から、「果たして私たちは、諸事物を自らの外部に実際に知覚するのか、それとも単に自らの外部のものとして知覚するだけなのか」（DH.50）という問いにヒュームが十分に応答しなかったことについて批判している。ヒュームが外的対象について、「実在」ではなく単に「実在的なもの、もしくは実在的だと見なされるもの」（DH.45）としか表現していない点も考え合わせ、ヤコービは最終的にヒュームを実在論者ではなく懐疑主義的観念論者と見なすにいたる。

こうした批判的な論点はリードのヒューム批判の観点と重なるところがある。先に見たように、リードは、信念があらゆる認識の根源となっているという点についてはヒュームの見解を受け入れたが、この信念が単に習慣という印象レベルで形成されたものに由来し、「オリジナルな知覚」とその対象の領域にまで踏み込んだ考察がなされていないことに難点を認めていた。ヤコービによるヒューム批判の文脈で直接リードの名が挙げられているわけではない。しかし、ヤコービがそのさい導入する「啓示（Offenbarung）」という概念にリードの言う「オリジナルな知覚」との類似性を認めないわけにはいかないだろう。ヤコービは対話者である「彼」の口を通じて、ヒューム哲学の議論に従うならば外部の諸事物を知覚するさいに「啓示」という言葉を使うこともできそうだが、あなたはなぜそうしないのか、という問いを投げかける。そしてこれに答えてヤコービ自身である「私」は、この「啓示」にあたる言葉をヒュームに見いだすことはできないとした上で、次のように述べる。

決然たる実在論者なら、それによって彼に、物自体としての外的対象の確実性が与えられる手段をどのように名づけるべきでしょうか。彼が自らの判断を支えることのできたものについてもっているのは、事柄そのものでしかありません。諸事物が実際に彼の眼前にあるという事実以外に何もないのです。彼は、これについては啓示という言葉以上に適切な言葉で表現することができるでしょうか。（DH.51）

観念論では、外的諸事物の実在性は保証されず、眼の前にある諸事物が単なる印象や観念の形成物とされ、信念が思考実体の存在さえも確証されない知覚の束のレベルで語られていた。これに対して実在論者と称するヤコービは、事物と認識主体とのあいだにいわばより強固で直接的な関係があると想定する。すなわちそれは、端的に外的諸事物が実在し、それが私たちに知覚されているという事実である。この確信された直接的事実をヤコービは啓示と呼び、信念の真の根拠とするのである。こうした啓示についての考えがリードの「オリジナルな知覚」の原理と次元を共有していることは明らかであろう。また、ヤコービの言う啓示は、あくまでも端的に直接的に感得されるものであり、その根拠について論弁的な証明をおこなうことは不可能であるとされているが、こうした側面を見るかぎりでも、リードが依拠した共通感覚がもつ自明性との共通点を――たとえヤコービが共通感覚について立ち入った考察をおこなっていないとしても――読みとることができるかもしれない。

とはいえ、ヤコービの信念の哲学にはこのようにリードの共通感覚の哲学との共通点がかなりの程度認められるにもかかわらず、両者が向かった方向には微妙だが決して無視できない違いがあるようにも思われる。さしあたりヤコービは、啓示の直接性との関連で、観念論を次のような仕方で批判していた。

私たちは、啓示から本来的な媒介されたものを認識することなどありません。しかしながら、それゆえにこそ、自然的な媒介によって啓示が出来するということを拒むこと、あるいは観念論者のように、事実そのものを理性に反するものとして拒絶すること、こうしたことをいずれも私は、本当の哲学的精神にそぐうものではないと思います。私たちはしばしば、きわめて内面的な経験に、かけ離れた極度に不完全な経験からの推論を対置して、わけのわからないままその推論に立脚するのです。ライプニッツが次のように言ったのはまったく正当なことでした。つまり、人間はすでに知っているものを探究しているのであって、自分の探究しているものを知っているわけではない、と。 (DH.53f.)

現実から乖離した懐疑主義的観念論の帰結についてはリードも批判していた。しかし、ここで言われる「本当の哲学的精神」とは何だろうか。そしてライプニッツの言葉はどのような含意で引き合いに出されているのだろうか。この箇所からさしあたり判断できるのは、哲学が事実を無視したり逸脱するものであってはならないということ、また同様に、既存の知から出発しない哲学が何かを知ることなどありえないという否定的規定のみである。こうした見解がヤコービ哲学の立場としてより明確にされるのは、その後の『フィヒテ宛公開書簡』（一七九九年）においてである。この書簡においてヤコービは、絶対的自我から一切を導出しようと試みるフィヒテの主観的観念論を批判し、「自然のメカニズム」を度外視して自我および非我の本性を探究することは「純然たる無」を探究することに等しく、こうした観念論は無を知ろうとするという意味で「ニヒリズム」の名に値すると述べている(9)。そしてこの「哲学的な無の知」としてのニヒリズムとの対比で、ヤコービは自らの立場を、無知を知によって示す「無知の哲学（Philosophie des Nicht-Wissens）」と称する(10)。そこで念頭に置かれているのは言うまでもなく、自分自身はつねに無知を装って、何かを知っていると称する対話者を無知の知にいたらしめるというソクラテスの態度である。観念論の取り組みへの全面的な無効宣言とソクラテス的な知の態度を考え合わせると、ヤコービが自らの哲学において担おうとしたのは、何らかの積極的な哲学体系を構築するというよりも、外的諸事物の存在とその知覚の事実ないしそれについての信念を既知のものという名の試金石として、いまだ知られていないものを観念的に知の領域へ引き込もうとする哲学のニヒリズムを暴く、という批判的立場だったと言えるのではないだろうか。こうした態度は、観念論の全面的な否定を旨とせず共通感覚原理の導入によって哲学の新たな可能性を築こうとしたリードの方向性とは異なる。先に援用されたライプニッツの言葉は、以上のようにヤコービの「無知の哲学」の内実も考慮に入れて理解されなければならないだろう。

『デヴィッド・ヒューム』第二版（一八一五年）の序文においてヤコービはあらためて、観念論に傾いてきた哲学の歴史を次のように総括する。

アリストテレス以来、哲学のさまざまな学派においてとめどない努力が傾けられてきたのは、直接的な認識一般を媒介的な認識に、一切を根源的に根拠づける知覚能力を抽象によって条件づけられた反省能力に、原像を模像に、実在を言葉に、理性を悟性に従属させること、後者のうちに前者をすっかり沈み込ませ消滅させることだった(11)。

ヤコービの信念の哲学の試みが本来、ここに述べられている内容をすべて転倒させること――つまり、媒介的認識を直接的認識に、反省能力を知覚能力に、模像を原像に、言葉を実在に、悟性を理性に従属させること――にあったとすれば、そのような試みは当然ながら、観念論的哲学を「無化」することによっては果たされない。それは右のように理解された観念論の結末と同様に、実在論と直接知の単なる一元論に陥ることを意味し、もはや二つの諸契機の関係性は問題とならないからである。ヤコービがとった方向性は結局のところ、本節で見てきたように、直接知と媒介知の関係性の構築とは言い難く、終始論争的な視点に支配されている印象さえある。そのような関係性を見据えた探究はむしろ、共通感覚と哲学の関係について論及していたリードが試みていたものであろう。

観念論が直接知を媒介知に従属させてきたことは、ヤコービの指摘どおり間違いないと言えるだろう。しかし、本章の冒頭にも述べたように、哲学は、そもそも知についての知という反省的視点と切り離せない以上、たとえ直接知がもたらすものに最大限の敬意を払ったとしても、哲学自身が媒介知の次元を脱却することは、哲学が哲学であることをやめないかぎりほとんど不可能であるように思われる。問題となるのは、観念論の帰結が直接知の捉える事実の領域に矛盾する場合のみであるが、それはしかし媒介知の捉える真理に対して直接知がいわば独断論的にまったくの無効宣言を下すさいにも言えることであろう。それならば、媒介知としての哲学は直接知の声をどこまで聴取し、本質的な契機として自らに有機化することができるのだろうか。本章では最後にヘーゲル哲学の「良心＝共通知（Gewissen）」概念の考察を通じてこうした問題に取り組むことにしたい。なぜならヘーゲルは『精神現象学』（一八〇七年）において、絶対知＝哲学知へと自己形成をおこなう精神の歩みのなかでも、この直接的かつ純粋な知である共通知の境地を（宗教を除けば）精神の自己確信として最も高次の段階においているからである。

3　ヘーゲル哲学における共通知

ヘーゲルの絶対的観念論は、共通感覚や信念に定位する哲学において批判対象とされた観念論とは明らかに異なる。ヘーゲルは一八世紀後半ドイツの後期啓蒙の流れのなかで興隆した通俗哲学、すなわち共通感覚としての健全な人間悟性に定位した哲学の方法を、イェーナ時代の思索を通じて批判的に摂取した。「哲学的批判論文」（一八〇二年）で「非哲学」の特徴のひとつとして批判の的となった通俗哲学の「わかりやすさ／悟性性」の要求は、『精神現象学』にいたって、学へと高まる一般的な意識に不可欠の契機として積極的に捉え直されるようになる。

学のわかりやすい形式は、万人に提供され、万人にとって等しくつくられた学への道である。悟性を通って理性的知に達するということは、学に向かってゆく意識の正当な要求である。というのも、悟性は思考であり、純粋自我一般だからである。そして悟性的なものはすでに周知のものであり、学と学的でない意識とに共通のものであり、この共通のものを通り抜けることで、学的でない意識は直接学のなかに歩み入ることができるからである。

(GW. IX, 15f.)

『精神現象学』では絶対知へといたる人間精神の自己展開の行程が叙述されるが、それは知的直観や論弁的な形式主義にもとづいて考察されるものではなく、自然的意識を、「純粋自我一般」ないし「悟性的なもの」と呼ばれるさまざまな既存の知の形態から新たな哲学的知へと導くことによって果たされる探究である。さて、〈すでに知られたもの〉のなかでも、精神の自己確信の最後の契機として登場するのが共通知である。ただし、こうした位置づけはもちろん、共通知がそれだけで哲学的な思考として妥当するという意味ではなく、それが知と無知の弁証法的運動のなかで〈知られたもの〉としての当初の確実性を内部から揺さぶられた後にいたる帰結が、高次の段階における哲学的知となりうる、という意味で理解されなければならない。以下では、『精神現象学』の共通知の概念に注目し、人間精神のこの直接的な自己確信がいかにして哲学的に意義づけられるのかを見てゆく。

共通知とはさしあたり、道徳的義務や善なるものを、主体から独立の客観的な法則としてではなく、自己の内面と自然的かつ純粋に調和したものとして確信する精神である。

共通知は、自己自身の直接的な確信に即して、自己自身で自らの真理をもっている。自己自身についてのこのような直接的かつ具体的な確信が本質である。この確信を意識の対立に従って考察してみると、自身の直接的な個別性が道徳的行為の内容となり、道徳的行為の形式はまさしく純粋な運動としてのこの自己、つまり知あるいは自身の信念（Überzeugung）としてのこの自己となる。（GW. IX, 344）

すなわち共通知においては、道徳的義務と自らの信念、普遍性と個別性とが直接的に一致している。したがって、すでに共通知という名称が表しているとおり、この精神をもつ各個人はみな普遍性に通じているという点で「他者によって承認されている」（ibid.）という契機をもっている。しかしながら共通知は、そのように普遍的な要素をそなえているとはいえ、「美しき魂」の例で知られるように、自らの純粋さをもっぱら自己の内面性において保ち、純粋義務を現実的に遂行することでそれが損なわれることを恐れる。それにもかかわらず、共通知は内面的に自己完結したままでいることはできず、義務を果たすために現実世界のなかで道徳的行為をおこなわざるをえない。ヘーゲルによればこのとき共通知は、内面にとどまる「評価する意識」と、現実のなかで「行動する意識」とに分裂し、それぞれ普遍性と個別性の傾向をそなえた両者のあいだには葛藤が生じることになる。「評価する意識」は、個別的傾向を免れないにもかかわらず自らを普遍的法則だと称する「行動する意識」を偽善だと見なす。これに対して「行動する意識」のほうでは、たとえばある道徳的行為の内面を単なる名誉欲だと評価するなど、自らは行為をともなわずに高みの見物をおこない高潔さを保とうとする「評価する意識」の非現実的な態度に偽善を見る。しかし「行動する意識」は、それでも悪をなしてしまう自らの限界について、同じ共通知である「評価する意識」が何か言葉をかけてくれることを期待して自ら罪の告白をする。そこで「評価する意識」は、「自らの現実を投げ捨てて」（GW. IX, 361）普遍性の側へと迫ってくる「行動する意識」の罪の告白に応えて、自らも自己自身を普遍性へと一歩高め、悪の意識に対して「赦し」を与える。この「赦し」の内実についてヘーゲルは次のように説明している。

普遍的意識が最初のもの〔行動する意識〕に与える赦しとは、普遍的な意識が自らを断念すること、すなわち自らの非現実的な本質を断念することである。そのさい普遍的意識は、現実的な行動であったあの他者を、自らの非現実的な本質に等しいものとして定立し、行動が思想において保持していた規定によって悪と呼ばれたものを善であると承認する。（……）それは他方〔行動する意識〕が行動という対自的な規定を棄て去るのと同様である。——和解の言葉は定在する精神である。この精神は、自己自身が普遍的な本質であるという純粋な知を、普遍的な本質の反対のもののうちに、すなわち自らが自らのうちで絶対的に存在する個別性であるという純粋な知のうちに直観する。——それは相互に承認しあうことであり、この承認の働きこそが絶対知である。（ibid.）

ヤコービが引いていたライプニッツの言葉とは反対に、ヘーゲルは『精神現象学』において一貫して、「すでに知られたものというのはそもそも、それがすでに知られているからといって、認識されているとはかぎらない」（GW. IX, 26）という立場をとる。これは共通知のような自己確信についても言えることである。共通知は当初、義務と信念という普遍的なものと個別的なものとが自らのうちで直接一致した善の確信であったが、この自己確信は行動をともなう現実のなかで分裂し、非現実的な普遍的自己と、個別性にとらわれ悪に傾く自己とのあいだの葛藤へと導かれてゆく。そして最終的に共通知は自らが普遍性と個別性との葛藤そのものの上に成り立っているのだということを、より高次の自己確信としての和解の言葉によって認識するにいたる。このように自己確信を知と無知の弁証法的な運動のなかで捉えることによって、共通知を担う主体のアクチュアリティと哲学的知（絶対知）とのあいだの接点と理路は保たれるのである。

以上、リード、ヤコービ、ヘーゲルに即して、哲学的思考以前に私たちがすでにもっている原初的な確信である共通感覚、信念、共通知が観念論的哲学において担いうる意味について考察をおこなってきた。これまでの考察を踏まえて、リードが『人間の知的能力論』で説いていた共通感覚と理性の一体性、そして共通感覚が哲学的帰結の確証ではなく反証という役割を担うことについて最後にあらためて考えてみるならば、次のように言えるだろう。

第一に、ヤコービの信念の立場のように、実在論と既存の知に定位し、観念論を最終的にニヒリズムとして全面的に斥けることは、観念的理性の思弁に対する反証ではあるとしても、理性の観念的性格を無化する点において共通感覚と理性とのあいだに存するはずの理路を狭めることになる。なぜならそれは、理性が事象を観念的に捉える活動そのものを否定することにつながるからである。リード自身はちなみに、観念が事物にとって代わるかぎりでの観念論を否定したのであって、自己と事物のあいだに何らかの媒介を想定する観念論の捉え方にはむしろ必然的なものを認めていた(12)。ヤコービは、観念論的理性の臆見《ドクサ》を暴きつづけるとともに、信念が理性推論によって媒介されることを拒むため、それがいかに「無知の哲学」の立場を貫くとしても、信念による観念論的哲学の反証はかぎりなく独断論的性格を帯びてしまう。

第二に、共通感覚と理性とが人間精神の営みとして不可分であるとすれば、ヘーゲルにおける共通知と哲学の関係のように、既存の直接的な確信が観念論的理性によって弁証法的運動へと導かれる理路が認められなければならない。共通感覚や共通知という確信の自明性は、その相対的な内容よりも、そのつど抱かれる肯定的な確信のアクチュアリティにあると思われる。したがって、理性の弁証法によって共通知の確信の内容がどれほど否定にさらされてゆくとしても、それは共通知そのものを臆見《ドクサ》として限界づけることにはならない。むしろ弁証法的理性の導きによって共通知は、確信する主体としての性質を保ったまま現実における内容の変化や矛盾を経験し、最終的に哲学知となりうるところまで自己確信の水準を高めてゆくことができるのである。

第Ⅱ部　思弁と教養形成

第Ⅰ部冒頭の問いにふたたび立ち戻ろう。そこでは、「哲学とは何か」という問いに哲学自らが応答しようとするときに、他律的な規定と自律的な規定とのあいだで葛藤が生じうることについて述べた。ヘーゲルは、啓蒙哲学の「智（Weisheit）」に理性の光ではなく、一面的な規定や区別に終始する悟性の闇を見、この悟性を真の理性へと、すなわち知と無知の弁証法を引き受ける「愛智」へといざなうプロセスを、哲学的知の生成にとって不可欠なものと捉えることにより、かの葛藤領域にひとつの筋道をつけたのだと言えよう。

したがって、哲学の秘教性を認めるからといって、啓蒙それ自体が放棄されたことにはならない。秘教性が、無知および知られざるものへの可能性をつねに抱懐しているという意味で理解されているかぎり、思弁哲学にはむしろ新たな啓蒙精神が宿っていたと見なければならないだろう。第Ⅱ部では、この新たな啓蒙精神が具体的にどのような内容において掲げられ、それがいかに実践的な関心に貫かれていたかという点について考察しよう。

新たな啓蒙への展望を開こうとしていたのはヘーゲルだけではない。ヘルダーリンやシェリングもまた自らの哲学構想の実現という内的衝動に突き動かされながら、従来の啓蒙のあり方を批判し刷新する道を模索していた。ヘルダーリンがこの試みを果たそうとした『哲学書簡の断片』は未完に終わっているため着想が知られるだけであるが、シェリングとヘーゲルが思い描いた新たな啓蒙精神に関しては、彼らの教養形成（Bildung）論を読み解くことでその内実が明らかになる。(1) 教養こそは旧来の啓蒙主義がすべての市民に求めてきたものにほかならないが、シェリングやヘーゲルは、啓蒙主義的教養と人文主義的教養とを明確に区別した上で、基本的には前者を否定し後者に思弁哲学との親和性を見いだそうとする。とはいえこの二つの教養は二元論に還元されているわけではない。彼らはむしろ啓蒙主義と人文主義の極端化を拒否し、自ら思考すること（Selbstdenken）や哲学の有用性を重んじる啓蒙主義の教養観と、人間精神の歴史的所産との交流や哲学の自律性を守り抜こうとする人文主義の教養観とを、後者の豊かさを引き出すかたちで調停しようとしている。

そうしたドイツ観念論固有の教養形成論の内実は、まずシェリングの『学問論』における啓蒙批判から、ニートハンマーにより理論化された人文主義(いわゆる新人文主義)の受容にいたる経緯のなかで明らかになる。以下の第五章ではまず、シェリングとニートハンマーの教養形成論に焦点を絞って、新たな啓蒙のひとつの具体像を描き出したいと思う。

他方でヘーゲルの場合は、哲学体系そのもののなかに教養形成が本質的な契機として息づいており、哲学する主体の教養形成は、哲学体系という思弁的な全体の把握へと通じている。(2) ヘーゲルにとって学知の生成の課題とは、「個人をまだ教養形成されていない(ungebildeten)立場から知に導く」(GW. IX, 24)こと、すなわち「普遍的個人(das allgemeine Individuum)」(ibid.)に導くことだとされるが、ここでの教養形成とは、「意識の経験」だけではなく、人間精神の歴史的展開すなわち「世界精神の教養形成」(ibid.)という観点からも考えられなければならない。啓蒙主義が推進した〈自ら思考すること〉であれ、ヤコービの直接知やシェリングの知的直観であれ、ヘーゲルは純粋な思考に絶対知=思弁としての妥当性を認めず、教養形成という知の歴史的な媒介形式を徹底的に要求するのである。

このように語られる個人の教養形成と世界精神の教養形成の相即的な関係性と運動は、ある時間的なずれのなかで成り立っている。個人の教養形成の出発点は、世界精神の教養形成の出発点ではなく、つねにその途上にある。したがって個人の教養形成は、それがそのまま同時的に世界精神の教養形成を担い、切り拓くというのではなく、世界精神の過去を通り抜けているのである。これについてヘーゲルは次のように説明する。

各個人は、普遍的精神の教養形成の段階を経巡ることにもなるのだが、しかしそれは、精神によってすでに脱ぎすてられた諸形態として、磨きをかけて平らにならされた道の段階として、経巡るのである（……）私たちは、教育の進歩のなかで、世界の教養形成の歴史がシルエットにおいてたどられるのを認めるであろう。この過ぎ去った定在は、すでに獲得された普遍的精神の財産であるが、この普遍的精神は個人の実体ないし個人の非有機的な本性をなすものである。（GW. IX, 25）

普遍的個人への教養形成は、個人にって非有機的なものである普遍的世界精神の過去を、自己意識へともたらしてゆく過程である。こうした歴史的視野をそなえた教養概念では、「純粋思考が自らを契機として認めること」(ibid.)、「純粋な自己確信が自らを抽象すること」(ibid.) が求められる。

ハイデルベルク時代の講義や所見では、『精神現象学』で語られた普遍的個人への教養形成が、〈哲学体系はいかにして教えられ／学ばれるべきか〉という、より実践的な問題として論じられている。第六章では、ヘーゲルの哲学体系の教育・教養論的な側面について掘り下げ、啓蒙主義的な悟性が思弁的境位へといざなわれ、形成されるのはじっさいにどのような方法によるのかという問題について検討してゆく。

第五章　哲学と人間形成
――ニートハンマーとシェリングの教養形成論をめぐって――

ドイツ観念論において、近代的啓蒙の所産である哲学の通俗化・市民道徳化、また有用性の観点に基づく他律化といった現象は、哲学の超越論的な見地や理念の次元をかえって覆い隠してしまうものとして、批判と克服の対象となった。しかし他方で、哲学の理念が、人間の感性や悟性や自由意志にとってまったく疎遠なものとして措定されることも拒否された。このような二重の問題認識は、周知の通りすでに「ドイツ観念論最古の体系プログラム」（以下「体系計画」と略記）において、〈神話の哲学化〉〈哲学の神話化〉の要請というかたちで表されていた。そこでは、両者の「永遠の統一」のうちに「啓蒙された者と啓蒙されない者とが互いに手を差しのべあう」、いわば新たな啓蒙の可能性が見定められていたのである(1)。

この新たな啓蒙の構想は、ヘルダーリンの論稿『哲学書簡の断片』に遡って見いだすことができる。ヘルダーリンはこの論稿で、カントの道徳法則やフィヒテの自然法論から帰結する人間と世界との形式的に必然的な連関や、近代の形骸化した教養のあり方を批判し、古代の神話の精神をモデルとした「より高次の、より無限な連関」、「より親密な生の連関」を観得するための「より高次の啓蒙（die höhere Aufklärung）」を要請している(2)。それは哲学の理念と人間の現実的生とをいかにして有機的に結びつけるか、という大きな課題を提起するものであった。

しかし、このプロジェクトの遂行にあたって必然的に問われるのは、第一に、近代という否定的状況を古代という肯定で覆い尽くす二元論に陥らずに、近代がそこへと止揚されるところの生の理念へいかにして概念的に到達できるかという点、そして第二に、啓蒙が人間の教養形成と根本的に不可分である以上、ドイツ観念論による新たな啓蒙は具体的にいかなる教養形成論を構築するのかという点であろう。

『哲学書簡の断片』の公表は実際のところ成らず、その構想が一七九六年七月二四日のニートハンマー宛書簡のなかで『人間の美的教育についての新書簡』という名のもとに語られただけである。ヘルダーリンは「哲学上の師」であるニートハンマーにこう告げる。「私は哲学書簡において、私たちがその内で思考し現実存在するところの分離（Trennung）を明らかにする原理を見いだそうと思います(3)」。ヘルダーリンに限って言えば、彼はすでにこの「原理」を美的な次元に見定めていた。だが「より高次の啓蒙」の精神それ自体は、「体系プログラム」や『哲学書簡の断片』の美的観念論の枠組みを越える発展性をそなえていたと言わなければならない。とくに先に述べた「より高次の啓蒙」にまつわる二つの問題に自覚的かつ具体的に取り組んだ思考の足跡をたどろうとするならば、ニートハンマー、そしてシェリングの存在を無視することはできないと思われる。以下本章では、両者の教養形成論の影響関係を読み解くことから、ドイツ観念論で目指された啓蒙のひとつの文脈を照らし出してみたい。

1　ニートハンマーの教養形成論

テュービンゲン神学校時代から長きにわたってシェリング・ヘーゲルと友好関係を保ちつづけたニートハンマーは、神学者・哲学者・教育学者の顔をもつ思想家である。初期の思想はシュトールの教義学とカント哲学の影響からなり、イェーナ（一七九〇―一八〇四年）では『哲学雑誌』の編集者として数々の哲学的論争に直接的・間接的に関わった。そしてバイエルンの中央視学官としてミュンヘンに移ってからは、プロテスタントと人文主義の理念にもとづいた学校教育改革を推進し、とりわけその功績により歴史に名を残すところとなっている。なかでもその間に上梓された教育学の著作『現代の教育教授理論における汎愛主義と人文主義の抗争（*Der Streit des Philanthropinismus und Humanismus in der Theorie des Erziehungsunterrichts unserer Zeit*）』（一八〇八年、以下『抗争』と略記）は、ニートハンマー独自の思考が結実した書物とも言われている。(4) この著作においてHumanismusという概念の近代における学問的定義が決定的なものとなり、旧態依然とした従来の人文主義の理念に新たな教育・教養論的意義がもたらされ、後世にも少なからぬ影響を及ぼすことになったことはもはや周知の事実と言ってよい。(5)

まず、ニートハンマーがこの著作で主題的に取り組んでいる啓蒙主義的教養形成と人文主義的教養形成の対立関係の分析、および両者の調停方法について確認しておきたい。とくに、ニートハンマーが新たな人文主義を樹立する際の理論的根拠として重要視していると思われる「従属の原理」という固有の視点についても検討を加えておきたいと思う。

汎愛主義は、ドイツの教育界において当時にわかに期待を集めていた啓蒙主義教育学（Aufklärungspädagogik）の運動の代表的な思想である。汎愛主義という名称は、この教育思想がドイツ啓蒙のメッカ・ハレに近いデッサウで一七七四年から一七九三年まで存続した「汎愛学舎」で実践されたことに由来するものである。内容としては、『エミール』を積極的に評価し、従来の「愚鈍と誤謬と生活上の非有用性のみを生み出してきた学校」ではなく、「汎愛」の名の下に「人間の福祉と幸福」を追求する学校を目指した思想とされる。(6) この思想は、フランス革命における啓蒙の野蛮化を目の当たりにして自己矛盾を抱えた結果、固有の歴史的活動としてはすでに衰退していた。しかし、近代社会の欲求に迎合した実利主義的教養形成論の代表格として思想史的には一定の存在感を残し、後にニートハンマーが新たな人文主義を構築するさいの否定的契機としてモデル化されるまでになったのである。

ニートハンマーは『抗争』の中で、汎愛主義と（旧来の）人文主義の諸特徴および両者の対立点をめぐって周到な論述を展開する。その際まず彼が強調するのは、自らの考察のねらいが、両者の抗争を歴史記述的に追究すること、また両者を相容れないものとして区別した上でいずれか一方に与するといったことにあるのではなく、端的に言えば、それらをあくまで「学問的視点」から概念として扱い、いわば弁証法的な仕方で両者の一面性を指摘し、何らかの統一的展望を得ることにあるという点である(7)。

こうした批判的考察にもとづき、ニートハンマーは人文主義と汎愛主義に等しく一面的、ひいては二元論的な人間理解が前提されていることを指摘する。すなわち、両体系の主要な対立点は一般に「精神と獣、理性と技巧的悟性、合理性と動物性との対立」（PH.37）から成っている。しかし彼によれば、このような区別立ては「人間の概念の恣意的な構成」にすぎず、むしろそれら諸々の本性はもとより「人間においてひとつの見事な全体へとつながっている」はずなのだという（PH.36-37）(8)。

では具体的に、ニートハンマーはこうした包括的な人間理解にもとづいて、人文主義と汎愛主義の対立をどのように分析し調停しようとするのだろうか。これについては著作の第三章以降で、両体系の原則が改めて対立図式として整理された上で、彼独自の統一的視点から批判的な考察がなされる。広範にわたるその叙述の中から、「教育教授（Erziehungsunterricht）の目的」をめぐる項目に限定して取り上げると、両体系の原則は以下のような対立図式において提示される。

人文主義

1　教育教授には、人間の普遍的な教養形成という、それだけで独立に存する固有の目的がある。

2　教育教授において重要なのは、一定の知識を集積することではなく、精神を鍛錬することである。

3　教育教授が生徒たちの精神を鍛錬するのは、彼らの精神を一定の職業のために熟達させるためではない。彼らの精神にとって、精神の教養形成は即かつ対自的に目的である。

4　教育教授において、生徒をこの世界のために教養形成すること、生徒が後年自らの人生の中で何のための時間と機会を十分に見いだすかということは、重要ではない。重要なのはむしろ、精神のより高次の世界のために彼らを教養形成することである。そうした教養形成は、青少年期にそこへと確実に根差さなければ、往々にして完全に失われてしまう。なぜなら、生徒が自分の職業のために学ぶこと、遂行しなければならないことは、たいてい後年の彼から、他の世界のための精神の先のより高次の教養形成に真摯かつ首尾よく従事する時間的猶予を奪うからである。

汎愛主義

1　教育教授には、それだけで独立に存する固有の目的はなく、世間における将来の使命のために人間を教養形成するという相対的な目的があるのみである。

2　教育教授において重要なのは、精神を即かつ対自的に鍛錬することではなく、可能なかぎり多くの大衆の精神に、より有用な知識を備えさせることである。

3 教育教授にとって精神の教養形成が即かつ対自的に目的となることはありえない。精神の教養形成は、それによって精神が一定の職業に熟達されるというのでもないかぎり、教育教授にとって目的なきものと見なされる。

4 教育教授において、生徒を精神のより高次の教養形成に導こうとすること、生徒が後年になってようやく自らの人生の中でそのために必要な理解の習熟に達するということは、すでにして不適切である。これに対して、より必要性が高いのは、この世界のための教養形成を生徒の時分に開始すること、生徒をさまざまな事柄に精通させることである。なぜなら、単に言葉に即して営まれる教養形成は、生徒を世界と疎遠にさせ、本来の行動に不向きな者にし、おそらくは彼を狂信的な諸理念とそれを源とする非活動的な生という名の脇道に踏み入るよう惑わせるからだ。（PH.76-77）

ニートハンマーが見るところでは、両体系の「教育教授の目的」の違いは、人間の生の規定／使命（Bestimmung）の捉え方の違いに由来している。人文主義は現世を「人間が通過するべき浮き世／涙の谷間（Jammerthal）」と見なし、「人間の魂が憧れる本来的な故郷」である「天上（Himmel）」に対して人間の「地上（Erde）」の生をあくまで非本来的なものとして前提している（PH.86）。これに対して汎愛主義の方は、もっぱら地上における人間的生の充足を説く。「教育教授」の上で言うと、人文主義は精神的対象に即した精神の教養形成すなわち思弁的・観想的態度を、汎愛主義は実利的／物質的（materiell）対象に即した将来の召命や世間のための教養形成すなわち感覚的・実践的態度を、それぞれ至上目的に掲げる。当然ながら、一方を排除した上での各目的の徹底化は、単なる高踏や文明至上主義といった危機的状況を生む。

このような両体系の一面性を踏まえた上で、ニートハンマー自身は、「人間の教養形成の理想のためには相対する要求の統一的な充足が必要である」（PH.108）という立場にたつ。彼によれば、両体系を綜合的に捉えようとする試みは、たしかに従来においてもなされてきた。たとえば実践家は、人文主義の伝統的方法に汎愛主義の方法を適宜導入したり、またその逆をおこなうことが「自らの自由裁量で」「容易に」できる（PH.111）。しかしニートハンマーは、そのように個人的手腕（Takt）に訴えた調停の試みに必然的に伴ってくる恣意性を、自らの求める「統一的な充足」のあり方としては容認しない。むしろ、「相対する要求の統一を規定し、教育教授の範囲において両極のうち各々からどれほどのものが受容されなければならないのかを決定づけるべき原理をうち立てること」（PH.112）へと向かう。それが「従属の原理（*das Prinzip der Unterordnung*）」（PH.113）である。

ニートハンマーによれば、統一を図るさいに、たとえば「物質的なものを精神的なものと同程度に重視し、また逆に観想的なものを実践的なものと同程度に重視する」かたちで「分け前（Quantum）の完全な同等性（Gleichheit）」を求める、といった「並列（Beiordnung）」の原理をもちだすことはできない（PH.112f.）。抗争は、「どちらの体系がより重要なものを要求しているか」という「従属の原理」によってのみ決着をみるのだとされる（PH.113）。これは端的に言って、無条件のものと条件づけられたものとの関係を見いだすことによって同一性（Identität）を導く統一原理である。その論旨とは第一に、「人間を理性へと呼び覚ます」精神の教養形成こそが「教育教授」の無条件の課題であり、他の諸々の課題はこの無条件の課題を損なうことがあるかぎりでのみ無価値で無責任なものとなる（PH.118）。第二に、「教育教授」において供される膨大な知識は、主体にとって即かつ対自的に有用であるわけではなく、これに生命を吹き込み支配する自立的な精神の教養形成というプロセスを経てはじめて有用たりうる（ibid.）。そして第三に、「教育教授」において精神の教養形成は「最も確実でけっして失われることのない効果」を示すが、知識は忘却されれば消え失せる（ibid.）。かくしてこの徹底した精神優位の原理により、「教育教授」において精神の教養形成を主要目的とし、諸々の有用な知識の獲得を副次目的とする帰結が導かれている。

「従属の原理」は、「理性的動物」というすでに十分な理解を得てきた伝統的人間観の適用にすぎず、また人文主義に有利な論点先取なのではないかといった印象を与えるかもしれない。その意味ではこの原理自体の理論的・方法論的な妥当性を無批判に受け入れるわけにはいかないであろう。しかしながら、ここでは、「従属の原理」による両体系の統一の試みそれ自体の意義を際立たせておきたい。ニートハンマーは、実践的観点を理念に組み込まない旧来の人文主義を、前述した包括的な意味での「人間」形成を担う教育学の名に値しないものとして断罪した。のみならず、人間が精神と自然との調和した存在である以上本来自覚的に担われるべき、そして欲望の体系が拡張・多様化した近代にあってますます担われるべき人文主義的教養形成の新たなあり方を提示しようとしている。それは、汎愛主義の欲求を反省的に基礎づけて、人間精神にとって有機的なものとし、それだけでは他律的で相対的にとどまる体系に対して理念と秩序を付与する機能を担うものなのである。

『哲学批判雑誌』（一八〇二―〇三年）の全体的緒論「哲学的批判一般の本質について」（一八〇二年）を通じて、すでに近代の啓蒙を背景とした「人間性」概念の形骸化に疑念を示し、哲学に理念を取り戻すことを目指していたシェリングにとって[9]、少なくともニートハンマーの教養形成論は、思弁哲学の遂行的な側面に関してひとつの回答を迫るものとなったのではないかと思われる。この展望の下、次にシェリングの教養形成論の展開を見てゆくことにしたい。

2　シェリング『学問論』における「極端な理念」

啓蒙主義的教養形成と人文主義的教養形成の対立をめぐる議論は、ニートハンマーの『抗争』に先立って、シェリングの『学問論』（一八〇二／〇三年）でもすでに主題化されていた。冒頭でシェリングは、近代の大学の学問研究において「一般的教養形成（die universelle Ausbildung）という普遍的仕事」よりも、医者や法律家などになるための「一定の仕事」ないし「一面的教養形成」に努力が傾けられ、精神の全体的な教養形成という学問の本来的な理念が形骸化しているという一般的実状に懸念を示した上で、普遍性・有機的全体性の理念にもとづいた学問の重要性を説いている（SW. V, 212f.）。「個々の専門のための特殊な教養形成に、学問の有機的全体の認識が先行しなければならない」（SW. V, 213）。

『学問論』の根本動機は、精神と自然とを知的直観により統一へともたらす同一哲学の見地から、諸学問の体系を基礎づけることにある。この学問体系は、簡潔に言うならば、「学問の有機的全体」を把握する哲学と、神学・自然的諸学問・歴史的諸学問を含む実質的諸学問から構成される。哲学が「根源知」と呼ばれる純粋かつ自律的な知の形態であるのに対し、実質的諸学問は制度に結びつけられた他律的な知とされる。

このような基本的立場から、『学問論』における啓蒙批判の中心的な論点も、啓蒙が「有用性（Nützlichkeit）」の理念のもとに哲学を他律化したことに向けられる。学問としての哲学の自律性を説く思想としては、当時すでにカントの『諸学部の争い』（一七九八年）があった。しかしシェリングは、「哲学部」の位置づけをめぐるカントの議論を一面的な考察であるとして次のように批判する。「哲学部に関していえば、そもそものようなものは存在しないし、また存在しえないというのが私の主張である。そしてそのためのまったく単純な証明はこうである。一切であるものは、まさにそれゆえに、特殊なものではありえない」(SW. V, 283f.)。哲学の他律性を排除する点でシェリングはカントと立場を同じくするものの、これにとどまらず学問としての哲学のあり方をさらに純化させて、カントが説いた他学部に対する「統御」機能、そしてこの意味での「有用性」を保持する「哲学部」そのものの存在さえも、制度化された哲学の特殊な形態として拒否するのである。[10] 国家による特権化や束縛に左右されざるをえない神学・法学・医学などの事実的学問とは本来別個の次元に、哲学は「自由組合(freier Verein)」(SW. V, 284)として存在しなければならないのだという。

理念なき他律性から哲学を純粋な根源知として切り離そうとするシェリングのこうした見地は、もちろんカント批判の枠にとどまらず、『学問論』を貫くひとつの大きな問題意識となる啓蒙批判に通じている。近代のフランス由来の啓蒙思想がドイツの市民社会と国家に浸透したのちに顕在化した哲学の危機的傾向として、シェリングは通俗的悟性の功利主義精神(Nützlichkeitsgeist)を挙げる。外的結束をもたず分立した小国からなる後進国ドイツでは、国家統一の動機よりも産業の発展に関心が払われ、プロイセンのフリードリヒII世による啓蒙専制政治では技術や学問の有用性が強く追求された。シェリングはこの実状に抗して次のように述べる。「このような国家にとって哲学は何の役にも立ちえないということ、また諸侯が次第に大衆化し、国王たち自身が国王であることを恥じて、ただ第一の市民であろうとすれば、哲学もまた市民的道徳に変じ、その高い領域から通俗の生活へと下降するということは、何の疑いも容れない」(SW. V, 260)。

このような功利主義精神が「理念にもとづくすべてのものの解体」(SW. V, 259)を招いたのだというが、それでは、このように功利主義精神が蔓延することによって引き下げられてしまった本来の国家および哲学の理念とは、シェリングの場合どのようなものと考えられていたのだろうか。先のカント批判にも見られたように、シェリングはこの理念をかなりの高みに設定している。「国家体制は理念の国の体制の像である。理念の国においては、絶対的なものが、すべてを流出させる威力、すなわち君主であり、諸理念は――貴族でも国民でもない。なぜならそれらは相互の対立においてのみ実在性をもつ概念だからである。むしろ――自由民である。個別の現実的な諸事物は奴隷であり農奴である。同様の等級が学問のもとにもある。哲学は、諸理念のうちにのみ生き、個別の現実的な諸事物に従事することは物理学や天文学等に委ねる――しかし、これはもちろんそれ自体、極端な諸理念にすぎない。現代のこの人間性（Humanität）や啓蒙（Aufgeklärtheit）のうちにあってなお国家の高次の諸関係を信じる者などいるだろうか」（SW. V, 260f.）。シェリングにあって学問ないし哲学の理念は、古代ギリシアの人倫をモデルとして構想されていることがわかるが、しかしこの理念の下での近代理解の見直しに関しては、実際のところ「極端な理念」といった消極的な認識が示されているのである。

以上のように『学問論』のシェリングは、近代の個別特殊化した学問の総体をひとつの哲学的理念のもとに有機化しようと試みていた。そしてこの理念のモデルを古代ギリシアの人倫的精神に求め、実際にこの精神を育む教養形成を古典古代研究の意義として認めてもいる。このようなシェリングの構想は、たしかに人文主義のいわゆる「形式的教養形成」に則った近代理解の見直しの試みであるだろう。しかしもちろんこのような発想は結果的に、シェリング自身も認めているように、近代の現実にとって「極端な理念」にすぎなかった。カントが哲学の他律性を排除しつつも他の諸学問（上級三学部）に対する哲学固有の「有用性」の可能性に関しては自律のあり方として認めていたのに対し、シェリングは哲学の自律性からこの意味での有用性までをも排除しようとした。「形式的教養形成」の意義が本来、古典古代の文字と精神の修養それ自体ではなく、これを通じて既存の自己自身や時代のあり方を見直していくことにあるのだとすれば、シェリングが哲学の自律性をギリシア的人倫モデルへと純化させたときに、近代の見直しという現実的課題への道筋は見失われてしまったのではないか。

3　「極端な理念」からの脱却──シェリングの「ニートハンマー批評」

さて、ニートハンマーの著作が出版された翌年に、シェリングは『イェーナ一般文芸新聞』(一三―一五号、一八〇九年一月一六日―一八日)に好意的な書評を寄せる。注目すべきは、『学問論』において強調されていた啓蒙の功利主義精神に対する批判的論調が、この書評ではほとんど中立的なまでに変化しているという点である。(11) 先に見た通りニートハンマーは、汎愛主義と人文主義のうちに獣性と理性といった人間本性の区別と対立、そして一方の優位という前提があることを看破したが、シェリングはなにより、そのようにニートハンマーが両体系に等しい「一面性」を認めたことについて、これを「称賛に値する」前提だと評価する(SW. VII, 519)。両体系の一面性から出発するニートハンマーの論点へのこうした評価が、『学問論』のシェリングの功利主義精神批判を一定の修正へと導いたと理解することができるのではないか。この批評におけるシェリングの叙述は、両体系の相互規定的な関係に十分な理解を示す内容になっている。一定の知識の獲得が汎愛主義では目的として、人文主義では精神の鍛錬の手段として理解されるという一面的な対立図式は、シェリングにとってももはや純粋な対立としては問題化されない。むしろシェリングもまたこの対立図式を止揚して、「精神と知識が魂と身体のような関係にある」(SW. VII, 523)ところの高次の統一を想定するにいたっている。そしてこのような統一的視野のもとで、シェリングは功利主義精神に対し次のような新たな理解を示すのである。

通常は、先の〔人文主義と汎愛主義との〕対立がさらに詳しく規定されて、理念と、実践的に有用ないし公益的な（gemeinnützlich）知識とが、すなわち精神的諸対象に即して理念を生みだす観想的な能力の鍛錬と、単なる物質的な（materiell）な事物に即した実利的な（materiell）活動性の鍛錬とが、相互に矛盾しあっているという具合になる。とはいえ、私たちは有用性の要求（Nützlichkeitsforderung）をあまり無条件に非難しすぎないようにしよう。人間の役に立つことができる者は、自然の目的を必ずや果たす。なぜなら、私たちにはかの人間的な（human）思想に同調することが許されているのだから。何らかの理性的存在者がいることに最終的に歓喜するのでなければ、太陽系、銀河、星雲からなる組織は一切が何のためにあるというのだろう。（……）有用なものが問題となるとき、最終的にはすべてが全体へと関係づけられなければならないのであって、（……）個人にとってではなく、国家にとって、民族そのものにとって役立つものだけが、真実の意味で公益的と称されなければならないのである。（ibid.）

『学問論』において有用性の精神は、古典古代の人倫をモデルとした哲学の自律性から排除されていた。ところが、この批評のシェリングは「有用性の要求」（ibid.）を直ちに無効化するのではなく、むしろ「従属の原理」を掲げるニートハンマーの新たな人文主義に従って、有用性に普遍的な意味を付与しているのである。功利主義精神は、それが個別者の獣性に視野を限定する思想となる場合のみ廃棄されるが[12]、神の統べる世界、あるいは人間社会といった全体との有機的連関において理解されるならば、真の意味において正当化される。

『学問論』では、古典古代の普遍的で自律的な精神をそのまま近代精神の範として適用するならそれは「極端な理念」（SW. V, 260f.）と化してしまう、という葛藤が見られた。しかしこの「極端な理念」は少なくとも、この批評で近代固有の状況を止揚する試みがなされた点では、現実的な理念へと一段引き下げられたのだといえよう。なぜなら、シェリングは「従属の原理」に自らの哲学の同一性原理との合致を認めた上で、この理念を「生」との結びつきにおいて解釈するにいたったからである。「人間の物事においても、ただ理念のみが、導き、秩序づけ、真に創造する原理なのであってみれば、精神的教養形成は、その普遍性を損なうことなく、生にとって直接的に教養形成であらねばならず、生から脱却するというよりむしろ、生の最高の力と、生を洗練させるのに効果的な原理を呼び起こさなければならないのである」(SW. VII, 522f.)。

ニートハンマーの教育思想がドイツ観念論の哲学にひとつの着想を得ている可能性はすでに指摘されるところである(13)。しかし反対に、シェリングの教養形成論が、単に人文主義的教養と啓蒙主義的教養の撞着を指摘することと、そして後者における実利性・有用性の理念を時代批判もろとも消極的に廃棄することにけっしてとどまらなかった点は、むしろニートハンマーがシェリングの教養理論に与えた積極的な影響と捉えることができるだろう。

本章冒頭にも述べたように、ドイツ観念論において批判の対象となったのは同時代の啓蒙の実態であって、啓蒙の営みそれ自体ではない。では、そこで目指される真の啓蒙とは何だったのか。本章で扱ってきた内容との関連に限って結論づけるならば、目指された啓蒙とは、精神を弁証法的に統一的な視点へと教養形成するよう導くことにあったと言える。たしかにシェリングの同一哲学の立場はもとより精神と自然の「有機的な」統一を説くものではあった。だがその原理にもとづく学問論が近代の精神と自然、すなわち――両者がいかに分裂状態にあるにせよ――近代的人間の生が拠って立つ所から疎遠な次元に据えられてしまうならば、啓蒙の試みは必然的に逆説に陥る。近代的主体を哲学の理念へと導こうとするならば、後者が前者に媒介される理路がまず開かれていなければならない。その理路こそ、ニートハンマーが精神優位の「従属の原理」として説いた、即かつ対自的な精神の教養形成の可能性である。精神は、自然的・機械的なものに魅了された近代の自己の状態を弁証法的に対自化することによって、より高次の精神へと自らを形成することができる。逆説的な表現をするならば、そこで考えられた高次の啓蒙とは、従来の啓蒙によりもたらされた蒙をひらき、人間的生をつねに自律的な仕方で把握しつづける精神を遍く呼び覚ますことだったのではないか。ニートハンマーの教養形成論は、少なくともシェリングに対して媒介的思考の展開を促しただけでなく、ヘルダーリンが示唆していた「より高次の啓蒙」を独自の実践的視点から具現化しようとしたという点で重要な思想史的意義を担っている。

第六章　哲学の〈学習〉としての体系

――ヘーゲルの教育観と哲学的エンチュクロペディーの関係――

1　教えられ、学ばれるエンチュクロペディー

「哲学は本質的にもエンチュクロペディーである」（GW. XIII, §7）――ヘーゲルの『ハイデルベルク・エンチュクロペディー』（一八一七年）にあるこの言葉には、諸学問の概念の自由にして必然的な、つまりは有機的な連関を、ひとつの円環（Kreis）状の全体として捉えるという体系哲学の真髄が端的に言い表されている。だが翻ってみるに、「エンチュクロペディー」という語が担っているもう半分の意味「Bildung」について、体系哲学ではどれほどの考慮がなされているのだろうか。以下本章では、ヘーゲルの哲学体系が「哲学的エンチュクロペディー」として語られるさいに生じるその教育・教養論的な意義について検討することにしたい。

ヘーゲルの『エンチュクロペディー』（第三版、一八三〇年）では次のような定義が示されている。「エンチュクロペディーとして、学問は、学問の特殊化の詳細な展開のなかで叙述されるのではなく、特殊な学問の諸々の端緒や根本概念に制限されなければならない」（GW. XX, §16）。哲学体系をこのように「エンチュクロペディー」として表す仕方は、近代ドイツ哲学においてひとつの主流であったと言えるが、ヘーゲルの右の定義にも示唆されているように、この構想はしばしば、フランスの百科全書《アンシクロペディ》に代表されるような知の集合体（Aggregat）を構築

するプロジェクトへの批判を含んでいる。周知のように〈エンチュクロペディー〉という語は〈知の円環〉を意味するギリシア語に由来するが、この言葉に関連させて言うなら、百科全書と近代ドイツの哲学的エンチュクロペディーとでは、〈円環〉という言葉のもとで理解される意味が決定的に異なる。すなわち、百科全書において円環が、諸学問の対象や方法を委細を尽くして網羅する（einschließen）という、内容的な完結性を表す意味をもつとすれば、カントやヘーゲルたちが試みた哲学的エンチュクロペディーにあって、円環は、広汎な哲学的諸学問の内容をそれらの「根本概念」に限定し、概略ないし輪郭（Grundriss, Umriss）という形で表すという、形式に関わる意味をもっている。この形式に関わる意味として何より、〈全体が部分に先立つ〉という体系固有の概念構造が前提におかれていることはもはや言うまでもない。しかしまた他方で、そこには実践的な意図が組み込まれていることも、エンチュクロペディーをその方法論から考える上で見逃すことのできないひとつの要素と言わなければならない。たとえば、同時代にベルリン大学で同じくエンチュクロペディー講義（一八〇一―〇四年）をおこなっていたA・W・シュレーゲルの言葉を参照してみると、そこには〈知の円環〉の教育・教養論的な意味がきわめて明確なかたちで表明されている。「この〔ἐγκύκλιος παιδεία という〕語のうち、後者は、とくに青少年のための教育、教授（Unterricht）を意味しており、私たちが教養形成（Bildung）と呼んでいるものとおおむね合致する。前者は円環状（kreisförmig）、円環をたどるものを意味するから、両者を合わせると、すべてを包摂する教授ということになる」[1]。エンチュクロペディーの元来の意味にどれほど忠実であるかは、体系哲学者によって異なるであろうが、ヘーゲルのエンチュクロペディーにおいてもこのように教育・教養論的な意図が働いているとするならば、それは体系理念をどのように具現化するものなのだろうか。

　自らの体系構想を哲学的諸学問のエンチュクロペディーとして表すにさいして、カントとニュルンベルク時代のヘーゲルには共に自覚的なかたちで、このエンチュクロペディーが「いかに教えられ、学ばれなければならないか」という教授法的（didaktisch）な視座が見られる。ヘーゲルの批判的視座は、カントに限らず同時代の通俗哲学や汎愛主義などの啓蒙主義教育学が支持していた方法にまで広く及んでいるのだが、本章の目的はとりわけ体系理念と教養形成理論の関係、そして体系理念に込められた哲学者の教育観を明らかにすることにあるため、カントとヘーゲルのエンチュクロペディー概念に考察の焦点をあてようと思う。

2　カントの哲学的建築術と学習論

まずはカントの「哲学的エンチュクロペディー講義」（一七六七／六八―八一／八二年）を中心に、哲学することそのものと、哲学体系およびその概略、そしてこの方法により哲学を〈学ぶ〉という行為の連関をめぐるカントの思考について確認しておきたい。

カントは、ランベルトの影響からなる哲学的「建築術」の導入により、人間の理性認識に関する集積的ではなく理念的な体系概念を構想し、この立場にもとづいて「哲学的エンチュクロペディー講義」をおこなっていた。講義の緒論にあたる部分では、まず〈全体が部分に先立つ〉という建築術的な体系理念についての説明がなされ、続いて歴史学・数学・哲学などの学問形式の分類と特徴、哲学的エンチュクロペディーの担う基本的な意味、そしてこれらを踏まえ、哲学を学ぶとはどういうことかという問題が論じられている。

カントによれば、すべての学問は形式上、「歴史的学問（学識［Gelahrtheit］の学問）」であるか「理性学問（洞察［Einsicht］の学問）」であるかのいずれかであって、前者には歴史学や古典文献学、後者には数学と哲学が属し、さらに数学は構成にもとづく理性認識に、哲学は概念にもとづく理性認識に形式上分類される（KS. XXIX, 6）。このような分類を背景として、カントは哲学におけるエンチュクロペディーの意味を次のように簡潔に規定する。[2]

哲学は、（1）エンチュクロペディーであるか、（2）さらに広汎な体系であるかのいずれかである。エンチュクロペディーは学問全体の短い概要である。そのためには、エンチュクロペディーから全体の概念が得られるということが必要になる。全体を展望することがエンチュクロペディーの第一の目標であり、これがエンチュクロペディーの生みだす重要な利益である。したがって、エンチュクロペディーに必要なのはとりわけ次の二点である。／（a）体系全体が展望されることができなければならない。／（b）しかしそこには十分な詳しさ（Ausführlichkeit）がなければならない。（ibid.）

哲学体系をエンチュクロペディーとして概略化することを、外的な制約下での単なる便宜的な手段にと断じてしまう前に、ここで言われる「十分な詳しさ」の含意に注目してみる必要があるだろう。体系全体の展望を主眼とする簡潔な体裁が、それにもかかわらず詳しさをそなえていなければならないという場合、ここでの「詳しさ」とは無論、委細を尽くして諸部分を描写するといった内容面の充実よりもむしろ、諸部分の全体的な整合性、そして何よりエンチュクロペディーを学ぶ主体の理性認識の諸条件を考慮に入れた、構造的ないし方法論的側面の充実を意味するものと考えなくてはならない。

先の分類の通り、哲学的認識は歴史的認識とは形式上異なるとされるのだが、カントはさらに、哲学的認識が純粋に「自分自身の思考から」なされる可能性だけでなく、「模倣」によって生じうる可能性についても論及する（ibid.）。つまり、哲学的認識のうちでも、客観的には哲学的でありうるが各々の主体においては歴史的に産出されている場合があるのだという（ibid.）。カントのこの洞察のなかで考慮されているのはとりもなおさず、エンチュクロペディーを通じて哲学体系を捉えようとするさいに主体に起こってくる思考のいわば二重構造である。つまり、いかに哲学が体系ないし体系を概観するエンチュクロペディーそのものであり、「自分自身の思考から」生じる理性認識によるものだと規定されようと、エンチュクロペディーの内容はすでに確立された諸学問からなり、この内容を概念把握しようとする個別の認識主体からはじめて生じてくるわけではない。ヘーゲル哲学の言葉を借りて言うなら、そこには端的に「私たちにとって（für uns）」と「意識にとって（fürs Bewußt-sein）」という位相の差異がある。

カントは、認識主体と対象とのこうした位相の差異から真の意味で哲学的認識にいたる方途を模索する。カントの場合、哲学的理性認識と歴史的理性認識とを区別した上で、このようにひとつの認識において両者が同時に存在することを指摘するのは、両者の関連性を問題化するというよりむしろ、歴史的理性認識の方に否定的な意味を与えるためである。「哲学は模倣されてはならない」（ibid.）、「哲学は模倣から自由であるべきだ」（KS. XXIX, 10）とカントははっきりと表明している。それに対して哲学は自分自身の思考からアプリオリに生みだされなくてはならないのだから、ここに哲学的諸学問のエンチュクロペディーへの取り組み方が際立たせられることになる。すなわち、エンチュクロペディーを通じては、「認識そのものというよりも、むしろ哲学するための方法が教授されなければならない」（KS. XXIX, 6）[3]。この哲学するための方法とは「悟性と理性の正しい使用の規則」（KS. XXIX, 7）にほかならない。

カントの学習概念と体系理念との関係は、「模像（Abbild）」と「原像（Urbild）」の類比的な関係性をめぐる教養形成理論的な観点から説明される。カントによれば、哲学者には「理性技術者（Vernunfts Künstler）」と「理性の立法者」という二つの姿があり、前者は規則をめぐる思弁によって「私たちの洞察と学問とを増大」させ、後者は「格率を教示」し「人間をその使命へと導く」（KS. XXIX, 7f.）。つまり哲学者が技術を駆使して創出した諸学問のひとつひとつが、そのまま哲学の原像なのではない。哲学の原像とは智慧の理念なのであって、諸学問の建築物はこの原像をめぐる知の発展のなかで限りなく打倒されたり変容を迫られたりする模像なのだという（4）。

> 立法者として、哲学は智慧（Weißheit）の教説であり、人間の一切の認識を越えた地位にある。しかしこのような理念に従った哲学は、すでにじっさい存在（existiren）してもいるのだろうか。真のキリスト教徒が現実には存在しないように、この意味での哲学者もまた生まれていない。それらはいずれも原像なのである。達成されることができるなら、原像はもはや原像ではなくなる。原像は単に規準（Richtschnur）として役立つべきである。哲学者はひとつの理念にすぎない。おそらく私たちは哲学者に一瞥を投じて、いくつかの点で哲学者に倣うことができるだろうが、しかし哲学者に完全に達することはけっしてないであろう。
>
> （KS. XXIX, 7-8）

　このように哲学の原像は、内容として教えられ、学ばれうる何ものかではなく、智慧の理念そのものである。このとき、哲学者は、理性の立法者および指導者として、智慧の理念へと人間を導く役割を担っている。「人は賢くあろうと試みなければならないのであって、単に思弁的な知識を集めるだけであってはならない」（KS. XXIX, 13）とも言い表されるこの智慧の理念は、カントのエンチュクロペディーが拠って立つ啓蒙主義的な教養理念を端的に表明したものであるといえよう。

カントの体系概念において歴史的認識は、端的に否定的な意義しか担うことができないのだろうか。『純粋理性批判』においてカントは、ある哲学的内容を学習することと、この内容を批判したり拒否したりする能動的な態度とを明確に区別しており、後者においてこそ理性は客観的にも主観的にも行使されうるのだと述べる（KrV. B 864f.）。しかしながら、哲学において歴史的認識と合理的認識の含意は厳密に区別され混同されてはならない、という指摘が正当なものであるとしても、一般的にはやはり実際に両者は連続的に営まれる。たしかに「哲学的エンチュクロペディー講義」では、先述の通り、ある認識における哲学的側面と歴史的側面の共在が指摘されていた。しかしこの洞察はあくまでも前者を後者から本質的に区別し、エンチュクロペディーにおいて学ぶべき対象を「哲学する方法」に局限するという分析的視点に貫かれている。歴史的な哲学の学習方法が排除されているわけではけっしてないにせよ、エンチュクロペディーという体裁をとった哲学が「いかに学ばれなければならないか」という問いがあるとき、カントは純粋かつ自立的な、アプリオリな思考力の鍛錬を最終目標として見据えていたということになるだろう。

3　ヘーゲルの学習論

ヘーゲルがイェーナ時代を通じて彫琢してきた哲学体系を「哲学的エンチュクロペディー」と称して叙述するにいたる背景には、いくつかの外的・内的状況があった。年代順に見れば、ヘーゲルがエンチュクロペディーと称しておこなった講義のうち古いものは一八〇三年夏学期のものであり、これは断片として残されている(5)。次に、ニュルンベルク時代に講じられた「上級クラスのためのエンチュクロペディー」ひいては一連の哲学入門講義がある。この時期の講義はとくにニートハンマーの新人文主義的教育思想の影響下でおこなわれている。すでに一八〇六年に帝国都市ニュルンベルクはバイエルン王国に併合されており、その翌年にニートハンマーが新人文主義の精神にもとづく教育改革に参画すべくバイエルンの中央視学官としてミュンヘンに赴任、その後一八〇八年十一月に彼の起草による『王国における公的授業施設の設置の一般的規範』（以下『一般的規範』と略記）がバイエルンにて公式に制定されている。そして同年一二月にヘーゲルがニートハンマーの紹介によりギムナジウムの哲学教授兼校長としてニュルンベルクに赴任するわけであるが、そのさい学校の教育理念とカリキュラムはこのニートハンマーの『一般的規範』に依拠しており、哲学の学習要領もまたこの規範の一部に定められているのである。（概略化すれば、下級クラスでは論理的技術の訓練、中級では宇宙論および自然神学、カントの神の現存在の宇宙論的・自然神学的証明、心理学、上級では哲学的エンチュクロペディーといった構成になっている。[6]）ギムナジウムにおけるヘーゲルのエンチュクロペディー講義は、名目的にはこの要領に則っておこなわれたことになる。とはいえ内容の点から見ても、ヘーゲルは、「哲学的エンチュクロペディー」が哲学的諸学問の概念による必然的連関であり、経験的で単に網羅的な「通常のエンチュクロペディー」とは区別されるものであると規定しており、自らの体系概念とこの表現形態との合致を認めている。[7]

ところで周知のように、ヘーゲルはニュルンベルク時代に職務遂行上の理由などからしばしば哲学教育に関する所見を述べており、それにともないこの時期に展開されたヘーゲルの哲学構想は、その教育的意義に十分に裏打ちされた内容をもっている。一連の講義の中身からは直接見て取りにくいことなのだが、式辞や報告書を通じた教育的所見のひとつのなかで、ヘーゲルは、所定の『一般的規範』の枠内とはいえ自らの体系哲学を構築、表現していくにさいして、体系の内実が根本的に、哲学を「学ぶこと（Lernen）」への配慮もそなえていなければならないという点を強調する。一八一二年一〇月二三日付ニートハンマー宛書簡「ギムナジウムにおける哲学的準備学問の講義について――バイエルン王国中央視学官イマヌエル・ニートハンマーへの私的所見」では次のように述べられている。

一般に人は特殊な学問（Scientien）をともなう哲学体系と、哲学すること（Philosophieren）そのものとを区別します。近代の欲求、とくに教育学の欲求によれば、哲学の内容が教えられるべきではなく、人は内容抜きで哲学することを学習するべきであるとされます。こうしたことはおよそ、人はさまざまな街や川や土地や人間などを知ることもなく旅をし、旅をし続けるべきである、と言うのと同じことです。／（……）人は、ある街を知るようになって（kennenlernen）、それから川に出たり他の街などに行くことで、いずれにせよこの折に旅することを学習するのであり、学習するだけでなく、すでに実際に旅をしているのです。こうして、人は哲学の内容を知るようになることで、哲学することを学習するだけでなく、すでに実際に哲学してもいるのです。旅することを学習する目的もまた、それ自体、あれこれの街などを、すなわち内容を知るようになることにこそあるのだと言えましょう。（GW. X, 828）

ところで内容豊かな哲学を知ることに通じる方法とは、学ぶこと（Lernen）にほかなりません。哲学は他の各々の学問と同様によく教えられ、そして学ばれなければならないのです。自分で思考するように、そして独自に作りだすように教育しようと駆り立てられる不幸な症状が、この真理をはるかに凌駕してしまっています。

(GW. X, 829)

哲学体系と哲学を「学ぶこと」とを区別する考え方へのこうした批判的見解は、諸学問の伝統的背景を軽視し自然主義的で実利的な思考の育成を方針としたことで新人文主義の批判の的となった啓蒙主義的教育思想に向けられている。既存の哲学の内容を学習することと、哲学することそのものとを区別したカントの立場も、狭義にはこのヘーゲルの批判に当てはまるだろう(8)。また、大学における哲学の講義について述べられた一八一六年八月二日付ラウマー宛書簡を参照すると、ヘーゲルが同様の批判をおこなうさいには、知の多様な形態としての広範な諸学問を弁証法的に考察する過程を経ずして、体系を敢えて端的かつ独創的なかたちで構想しようとする同時代の哲学(F・シュレーゲルやF・バーダー)の傾向も念頭におかれていることがわかる(9)。しかしこれらの傾向とは反対に、ヘーゲルの哲学体系は、哲学の学習と一体のものとして構想されている。天才と言われる思想家たちによって歴史的に築き上げられてきた哲学的諸学問から広範な諸規定、諸原理を学び知ろうとする者にとって、たしかにそれらは時として、現在の自らの思考に何の由縁ももたない疎遠で抽象的な思考の産物であるように思われるかもしれない。あるいはまた、カントも述べていたように、学習という行為を通じてこれら既存の哲学的所産との隔たりを埋めたと思っても、それはやはり哲学すること、すなわち智慧の理念の探究からは程遠い、単なる模倣なのではないかという疑念も生じてこよう。しかしヘーゲルは、これら哲学的諸学問の所産を「学ぶこと」によってこそ哲学的な「自己活動(Selbstthun)」(GW. X, 829)の営みがなされうるのだと考える。

ヘーゲルによれば、啓蒙主義的教育思想が推奨するところの、若者が学習なしに生みだす独自の思考は、「私見」や「妄想」をはらみやすい。学習行為は、この妄想をできるかぎり取り払い真理への活路を開くためにこそ必要なのだという。学習は、自己性を欠いた単なる模倣にとどまるものではない。むしろ学習を通じてこそ、「いったん思想で満たされてはじめて頭脳はさらに自身で学問を進歩させ、学問のうちに真の独自性を獲得する可能性をもつ」のだとされる（GW. X, 830）。

以上のようなヘーゲルの哲学的学習論の含意は、「意識の経験の学」に通じるものでもあるだろう。ニュルンベルク時代では、学知の弁証法の意義が、哲学的諸学問の体系全体にわたってはたらいている。ヘーゲル哲学内在的に見れば、『精神現象学』が体系への階梯という位置づけを担い、意識が絶対知に達してはじめて開けてくる境地として体系が語りだされる、という構造が成り立っている。しかしここに、ギムナジウムでの教育活動とともに高まりつつあった哲学教育に対する関心が加わることで、学習すること／されることへの配慮という体系の方法論的な意義が具体的に省みられるようになったと見ることができるのではないか。

4　学習論における主体と像との隔たり

ところで、ヘーゲルが主張するように、哲学的諸学問の体系と「哲学すること」とが不可分であり、哲学が内容とともに学習されなければならないという場合、ここには人文主義の標榜する「形式的教養形成（formale [formelle] Bildung / Formalbildung）」の理念が働いていると考えられる。(10) 一八世紀後半以降、ドイツの教育・学問の場で興った人文主義（いわゆる新人文主義）は、古典古代の文字と精神の修養を通じて人間が自己を普遍性へと教養形成する（bilden）ことを目指す精神運動であった。H−G・ガダマーの分析にもある通り、人文主義の用語としての Bildung は、その内に「Vorbild（模範）」や「Nachbild（残像）」という意味での Bild を含んでおり、語全体が表しているのは存在や結果ではなく、生成であり過程である[11]。こうした言葉の成り立ちに古典古代と近代との関係性を当てはめてみることがさらにできるなら、人文主義的教養形成とは、古典古代を範とするといっても、単純に古典古代への憧憬や回帰、あるいは近代への諦念などを意味するのではなく、近代に生きる者が古典古代の精神的所産に学び、既成の近代理解を見直し止揚してゆくという媒介的、ひいては解釈学的な営みであると言えるのではないか。一八〇九年の式辞においてヘーゲルは、古典語学習の意義を近代教育学の傾向から救済するために、「教養形成の本性に存する形式的なもの」について次のように述べ、人文主義の形式的教養形成の趣旨を明確に提示している。

　教養形成の進歩とはつまり、前の環に後の環がつなぎ合わされていく鎖の静かな連続のように見なすことはできません。たしかに後の環は前の環を顧慮してはいますが、しかし固有の質料からつなぎ合わされていくのであり、またこれから先の労働が前の労働に向かうといったことはありません。むしろ教養形成は、先立つ素材や対象を、自らがそれに関して研究する（arbeiten）ものとして、すなわちそれを変容させ、新たに形づくるものとしてもつのでなければなりません。私たちが古典古代の世界を我がものにする必要があるのも、この世界を所有するためと言うよりは、むしろ私たちが加工〔消化〕（verarbeiten）しなければならないものとしてもつためなのです。（GW. X, 461）

ヘーゲルの哲学的エンチュクロペディーの内容をなす諸学問は古典古代の学問に限らないとはいえ、はじめは疎遠であった既存の諸学問という像を、学習の営みを介して主体にとって有機的なものにするという点にこそ、形式的教養の理念は生きている。
したがって、カントの哲学学習論では原像（Urbild）と模像（Abbild）との懸隔が強調され、体系知が智慧の理念という原像へ純化されたのに対し、ヘーゲルの場合ではこの懸隔そのものに積極的な意義が読み込まれていることになる。ヘーゲルにおいて、学習は単なる模倣にとどまらないし、学習によって得た哲学的内容もまた単なる模像にとどまらない。これらはいずれも弁証法的な意味をもっており、学習は哲学することへの生成を、模像は原像への生成を、そのうちに含んでいる。そして学習はカントの考えたようにけっして受動的、非創造的な行為ではなく、対象を「新たに形づくり」、「加工する」自己という主体につねに貫かれた行為なのである。『精神現象学』では、個人の教養形成が世界精神の教養形成の歴史をそのシルエット（Schattenrisse）においてたどり直し、自らにとって有機的なものにしていくさまが、古代の探究精神を援用しながら次のように言い表されていた。

古代の研究の仕方には、近代の研究の仕方との違いがあるが、それは、前者が自然的意識を本来的に鍛え抜くこと（Durchbildung）であった点である。自然的意識の定在のあらゆる部分に即して別個に自分を試しながら、現出してくるすべてのものについて哲学しながら、徹底的に（durch und durch）裏書きされた普遍性へと自らを生みだした。これに対し、近代において個人は、抽象的形式が用意されていることが分かっている。この形式を把握し我がものにしようとする努力は、内的なものを媒介もなく駆り立てることであり、普遍的なものを切り取られたかたちで生みだすことであって、具体的なものや、定在の多様性から普遍的なものが現れでることではない。（GW. IX, 28）

ヘーゲルにおいて、学習とは、単に既存の諸学問を主体にとって非有機的で抽象的なままに呑み込むことではない。むしろはじめは抽象的な像があっても、自ら接してそれを知り（kennenlernen）、その歴史的由来をたどり直すことによって像を通り抜け、自己を普遍的なものへと「鍛え抜く（durchbilden）」営みでもあるのである。

カントは体系知にいたる方法論として単なる模像の学習を排除したが、それではヘーゲルの場合、模像の学習は原像の概念にどのようにして到達するのだろうか。あるいは、学ぶことと思弁することとはどういう連続関係にあるのだろうか。ギムナジウムの「哲学的エンチュクロペディー」では、哲学的諸学問の学習が方法論として重要視される一方で、絶対精神の概念把握としての哲学の立場そのものを教授することについてはかなり限定的な見方がなされている。先に取り上げたニートハンマーへの意見書「ギムナジウムにおける哲学的準備学問の講義について」のなかでヘーゲルは、「哲学的な内容がその方法と魂において有する三つの形式」（GW. X, 830）と称して「1 抽象的、2 弁証法的、3 思弁的」（ibid.）という――『ハイデルベルク・エンチュクロペディー』以降第三版にいたるまで見られる――独自の三契機を立て[12]、哲学の講義の形式もこれに即した段階的なものでなければならないと述べる。そのさい第三段階である思弁的な領域に関しては、それが概念によってこそ本来的に把握されうるものであるかぎり、「対象をただ表象の前にもたらしている」（GW. X, 832）講義での達成度には限界があると指摘される。とはいえ、こうした限界に直面することは、ヘーゲルにとって不本意な事態ではなかったようである。ニートハンマーの『一般的規範』では、哲学の学習の目的が思弁的思考の訓練にあると定められている[13]。ヘーゲルはニートハンマーの人文主義思想に基本的には同調しているのだが、この思弁的思考の訓練に関してだけは、それが何らかの現実的具体性をともなった実践的訓練と解釈される可能性があるかぎりで、懐疑的な見解を示していた[14]。ヘーゲルにとり、そのような思弁的思考への到達は哲学の最終段階にほかならず、哲学的予備学の出発点としてはふさわしくない。思弁的思考はあくまでも「必然的な目標」に据えられるべきで、何よりこれに先立って「抽象的思考、ついで弁証法的思考、そしてさらに思弁的な内容の表象の獲得」が必要なのだという（ibid.）。

ヘーゲルによれば、思弁的なものは、本来的には「思弁的な言葉」（ibid.）によってこそ語られ概念把握されうるが、他方でそれは汎神論的思想や、神の世界創造と永遠の愛についての語りなどのように、「表象作用、構想力、また心胸にとって深く理解された通俗的な形式」（ibid.）においても有限的な仕方で語られうる。予備学としての哲学では、後者が実質的な取り組み内容であり、じっさいにそれが限界であるのだとされる。ここには哲学を学習することと、思弁することそのものとの境界が際立つ。『エンチュクロペディー』（第三版）の記述によればたしかに、哲学は表象を思想から概念へと変容させなければならない（vgl. GW. XX, § 20 Anm.）。しかし哲学の予備学としての機能は、この場合、そうした変容の必然性そのものをもまた、学習すべきひとつの像、表象として教示するところに成立しているのだといえるのではないか。つまり、体系との関係でいえば、学習を通じて教養形成を促すという哲学的エンチュクロペディーの予備学的機能は、体系理念の「表象」の獲得、そしてそれを概念化することを目指す自立的思考の鍛錬というプロセスを担っているのだといえるだろう。

カントとヘーゲルは、哲学的教説の一方的な受容にとどまるという意味での「模倣」に対し否定的な点、また最終的に自立的思考を目指すという点からすれば、根本的な対立関係にあるわけではない。しかしその目指すべき自立的思考のためにそれぞれ〈模倣からの解放〉と〈模倣の媒介〉という条件を重視する立場は、これまで見てきたとおり、両者の哲学体系の導入的側面に関して差異を呈している。とはいえ、この差異を決定的なものとして際立たせること自体は、体系哲学の実相に適ったものではないだろう。体系哲学の閉塞性がそもそも問題化される現況を踏まえてなお大局的に見るならば、(15) カントとヘーゲルの哲学教授法（Philosophiedidaktik）は、〈模倣からの解放〉・〈模倣の媒介〉という二つの力点を体系哲学の方法論として考慮することで、万人の自己のために体系哲学が保持するべき公教性（Exoterik）のあり方の可能性を教示しているように思われる。

第Ⅲ部　思弁と共同

前半部の考察では、啓蒙主義の止揚という観点、そして教養形成論とのつながりという観点から、哲学的思弁がそなえる思考としての具体的広がりを見てきた。ヘーゲルの思弁哲学は、啓蒙以前の教条的かつ閉鎖的な学知に逆戻りすることなく、啓蒙主義の公教性を学への導入というかたちで内化し、そのうえで知と無知の弁証法の総体を、つまり言うなれば〈開かれた秘教性〉という全体的視野を照らし出してみせた。そしてまた、思弁的思考へと向かう主体の教養形成においても、啓蒙主義により称揚された〈自ら思考すること〉がそれだけで妥当するのではなく歴史的思考（形式的教養形成）とつねに相即しあうという重層的な視野が開かれた。いずれの帰結においても、抽象的なもののうちに具体的なものが見て取られている。

思弁の具体性は、認識のみならず存在の領域にも及ぶ。ヘーゲルが人倫概念を説明するのにアリストテレス『政治学』における「全体は部分に先立つ」というテーゼを援用するとき、この「全体」は思弁的なものとして考えなければならない。端的に言えば、純然たる個人というものは抽象であって、国家・共同体のなかにあってこそ個人は具体的な自由を獲得し豊かな存在となるのだということである。しかし周知のように、全体優位を前面に打ちだすヘーゲルの人倫概念は、その後の歴史的状況における現実的妥当性をめぐって、深刻な批判にさらされてきた。ヘーゲルの人倫概念のうちに個別的自由を犠牲にする権威主義的国家思想を看破し断罪する立場は、ハイム、ヘラー、アドルノ、ホルクハイマーなど枚挙にいとまがない。

ヘーゲルの人倫概念がもとより、啓蒙絶対主義や契約論といった従来の権威主義的国家論に異を唱えることから出発しているだけに、後の時代のヘーゲル批判は皮肉な結果である。初期の国家論である『ドイツ憲法論』（一七九九―一八〇三年）では、ドイツの現体制の基盤となっている啓蒙絶対主義の問題点が指摘され、秩序ある国民国家を確立するために絶対君主からの一方向的な権力行使（啓蒙と教養形成）を徹底化するような思想が批判された。また「自然法論文」でも、契約論者と啓蒙主義者が近代自然法論者の名の下に括られるが、その一貫した傾向として、個人—国家関係の正当化根拠を、両者のあいだの根本的な否定関係から説明することで権威主義的国家を導いている点が論難されている。

最悪の国家犯罪の記憶にもとづいてヘーゲル国家論を断罪しようとする二〇世紀固有の眼差しは、ヘーゲル哲学を内在的に擁護するだけで単純に回避しきれるものではない。また他方で、アドルノが指摘するように、そもそもヘーゲルの国家論はその最終局面において弁証法原理を否定するような性格をそなえており、その意味では「先立つ全体」を真の意味で思弁的なものと見なすことには限界があるかもしれない(1)。しかしそうした問い直しを引き受ける余地はつねに残しつつも、本書ではその手前で、ヘーゲルの人倫概念の展開から、それがいかに個別と普遍の対立関係や二元論を本質的に拒むものであるかという論点に光をあてることにしたい。

以下では、ギリシア的人倫と個人主義的な近代の人倫という理想と現実とを克服したところに成り立つヘーゲルの絶対的人倫において、個別と普遍がどのように有機的に関わり全体を形成しているのか、その概念構造について論じてゆく。とくに、普遍的なものと必然的に関わってゆく個々の人間の生がどのようなかたちでその固有の次元を保つことになるのかという視点から、「自然法論文」、「精神哲学草稿」、『精神現象学』、『法哲学』を読み解いてみようと思う。

第七章　ギリシア的共同原理と近代国家の接点
――歴史哲学主題化以前のヘーゲル国家論――

非ロマン主義者にしてギリシア哲学への傾倒者でもあったヘーゲルにとって、古代ギリシアの思想世界はひたすらに追求すべき理想であったというよりは、その近代的意義をめぐり終始困難な葛藤を喚ぶものでありつづけた。

『精神現象学』の構成は、ヘーゲルのそうした葛藤を如実にさらけ出している。そこでは、個人と国家の全一的な調和を体現する古代ギリシアのポリスが、理想的な国家形態であるかのように賛美される。しかし同時に、新たに主題化された歴史哲学の叙述形式のもとで、ギリシア的人倫という理想には、「没落せざるをえないもの」という否定的な意味が与えられる。『精神現象学』のこうした構成が、当初ポリスを範として構想されてきたイェーナ時代前期の国家論の破綻を示唆するものであることはもはや明らかである。またとくに、『精神現象学』で国家そのものがもはや体系的に論じられることなく、世界精神の発展史の一形態としてその興亡のみが叙述されるにとどまった事態は、「歴史哲学への〈見切り発車〉」とも解されている(1)。

だが、この「歴史哲学への〈見切り発車〉」が事実おこなわれたのだとするならば、その後には、ヘーゲル国家論の根本動機をめぐる未解決の問題が残るはずである。もとより、ヘーゲルがギリシア世界に見定める理想の性質は、その実践的回復の可能性を積極的に追求するものではなかった(2)。むしろ、『精神現象学』以前のイェーナ時代国家論に顕著なギリシア志向の根本的な意図とは、その近代的意義の模索にあったと考えられる。しかし、『精神現象学』に見られる二つの事態、つまりポリスを範とした国家構想が断念され、かつ代替案未提出のままに歴史哲学へと踏み出したという事態は、ギリシア的共同原理の近代的意義を模索するという、ヘーゲルのいわば遡及的な考究の途絶を意味するであろう。つまり歴史哲学の主題化は、本来歴史的文脈とは離れたところで模索されていたはずの、ギリシア的共同原理がもつ近代的意義を隠蔽してしまったのではないか。

本章では、以上のような問題認識の下、その解決の糸口を最終的に、『精神現象学』と同時期に執筆された「精神哲学草稿Ⅱ」（一八〇五／〇六年）の内に見いだし[3]、歴史哲学の主題化とともに後景に退いた、ギリシア的共同原理の意義を探りあてたいと思う。この論究は、ヘーゲル哲学全体を見据えた場合、近代の観点からギリシア世界を消極的に相対化しがちな後期国家論の根幹に、当のギリシア精神の発展形を見いだすことにもつながる点で意義深いものと考えられる。

考察は以下の手順で進められる。まずはじめに、イェーナ時代から二つの論稿「自然法論文」と「精神哲学草稿Ⅱ」を取り上げ、ヘーゲルの歴史認識と国家論の関係を確認しながら、時代そこにおけるギリシア的共同原理の位置づけの特異性を指摘する。次に、ギリシア的共同原理を言い表したアリストテレスのテーゼのヘーゲル的解釈に迫り、そこにギリシア的境位（Element）と近代的境位の接点を見いだす。そしてこれを踏まえて最後に、ギリシア的共同原理の意義が「精神哲学草稿Ⅱ」においてこそ理解され、歴史哲学の主題化のもとでは後退せざるをえなかった理由を検討する。

1　歴史認識の転回とアリストテレステーゼ

ギリシア的共同性を言い表した原理としてヘーゲルが理解しているのは、アリストテレスが『政治学』に言う、「ポリスは本性上諸個人に先立つ」あるいは「全体は部分に先立つ」というテーゼである（以下、本章では便宜上この引用を「アリストテレステーゼ」と略称する）(4)。イェーナ時代のヘーゲルはこのアリストテレステーゼを「自然法論文」と「精神哲学草稿Ⅱ」の中で引用している。また以下に考察するように、いずれの論稿の場合もこのテーゼは、構想途上にあるイェーナ時代の国家論の根本原理を裏づけるために援用される。そのため、『精神現象学』成立以前のヘーゲル国家論においてギリシア的共同原理がどう理解されていたのかを知ろうとする場合、このテーゼの援用は見逃すことのできないメルクマールとなる。

以下では「自然法論文」と「精神哲学草稿Ⅱ」の国家論に焦点を合わせ、ギリシアと近代をめぐるヘーゲルの歴史認識と国家論の関係の発展を概観していく。そしてアリストテレステーゼをメルクマールとした場合にそこに見てとれる、ギリシア的共同原理の位置づけの特異性を指摘する。

まず、「自然法論文」における歴史認識と国家論の関係、およびアリストテレステーゼの位置づけを検討してみよう。「自然法論文」の主題は、その正式名称から窺い知ることができるように(5)、従来の近代自然法論に対する批判、ひいては古典政治学を範とした自然法論の再構築である。ヘーゲルが論敵とする自然法論者とは主としてホッブズとフィヒテであるが、彼らの論が批判対象とされるところには、ヘーゲル国家論の根本動機に関わる明確な理由がある。『ドイツ憲法論』で直接的かつ具体的な表明がなされているように(6)、ヘーゲルが自身の国家論を構想するにさいしてその最大の動機としていたのは、フィヒテやフリードリヒⅡ世の啓蒙絶対主義にもとづく近代国家論への反論である。ヘーゲルの批判の論点は、それら従来の近代国家論が、最高国家権力から国民への一方向的な権力行使による国民国家の理念を正当化することで、権威主義国家思想に陥っているというところにある。

「自然法論文」のより普遍化された視野からすれば、従来の近代国家論の難点の所在は、社会契約という方法論を用いて個人‐国家関係の正当化根拠を説明しようとする近代自然法論にある。契約論の発想では、前国家的な自然状態が一定の理由で個人に諸悪をもたらすものと見なされ、自然法にもとづいた国家・社会状態への移行の必然性の根拠となる。ヘーゲルの見方では、この場合国家は、一旦その不在状態が仮定された後に、個人にとっては否定的＝消極的（negativ）な仕方で規定されているのであって、直接前提としてその存立が肯定されているわけではない。

これに対して、ヘーゲルが改めて定義するところによれば、自然法とは「人倫的なもの、すなわち人間に関わるすべての物事を動かすものと直接に関係する」（GW. IV, 419）ものである。つまり、人間が現実的には関わらない前国家的状態が考慮される余地はなく、自然法論は人間が「国民（Volk）」（GW. IV, 449）であるという現実的な境位を前提とするところから開始する必要があるというのである。したがって自然法理解において、従来の近代国家論が前国家的状態にある個人の自由意志を原理としたのに対し、ヘーゲルはすでに国家的な状態にある個人と国家の関係を原理としていることになる。換言すれば、従来の近代国家論が国家と個人の相互に否定的な対立関係を前提としていたのに対し、ヘーゲルは国家と個人の、厳密には国家と国民の包摂‐被包摂による、相互に肯定的な（positiv）関係を前提としているのである。

ヘーゲルのこうした自然法理解は、ギリシア的共同原理に拠ったものである。(7)「自然法論文」のアリストテレステーゼは、国家と個人のそのような肯定的関係を前提原理に据えようとするヘーゲル自身の国民国家理念を正当化するために、次のようなかたちで援用される。

肯定的なもの（das Positive）は本性上否定的なもの（das Negative）に先立つ。あるいはアリストテレスが言うように、国民（Volk）は本性上個人に先立つ。というのも、個人は孤立化させられたときには何ら自立的なもの（Selbständiges）ではないとするならば、あらゆる部分がそうであるのと同様に、個人は全体とのひとつの統一（Eine Einheit）の中で存在しなければならないからである。他方で共同的に存在できない者、あるいは自立性（Selbständigkeit）にもとづいて何も必要としない者は、国民の部分ではない、ゆえに獣か神である。（GW. IV, 467-468）

このように「自然法論文」の立場は、ギリシア的共同原理を自身の国家論のうちに直接受容することで、現存の国家的状態の意義を説き、個別性の優位を前提とする従来の近代国家論へのアンチテーゼを提出しようとするものである。したがって、ここでの歴史認識と国家論の関係について確認しておくならば、「自然法論文」のヘーゲルは、〈近代に対するギリシアの優位〉という観点にもとづいて、近代国家論の系譜とは逆に、個人が国民であることを前提とした国家論を構想しているということになる。

次に、「精神哲学草稿Ⅱ」における歴史認識と国家論の関係、およびアリストテレステーゼの位置づけについて検討してみよう。

結論から先に言うと、「精神哲学草稿Ⅱ」の国家論でヘーゲルのギリシア観と近代観は逆転する。つまり、対立を際立たせて言うと、「自然法論文」の国家論がギリシア的共同原理に定位したものであったのに対し、「精神哲学草稿Ⅱ」の国家論は近代固有の「絶対的個別性の原理」（GW. VIII, 263R.）に定位したものとなる。

ギリシア観と近代観の転回は、次の文面に明示されている。ここでヘーゲルは近代の君主制統治に関する考察を踏まえて、次のように述べている。

こうしたこと〔近代的統治のありかた〕は、古代人たち、そしてプラトンも知らなかった近代のより高次の原理である。古代においては、美しき公共生活は万人の習俗（Sitte）であった。〔古代の公共生活は、〕美であり、普遍的なものと個別的なものとの無媒介的な統一であり、そこにおいてはいかなる部分も全体から孤立化されることがなく、おのれを知る自己とその表現とのこうした天才的統一（genialische Einheit）〔である〕ような一個の芸術作品であった。しかしそこには、個別性が〈自己自身を絶対的に知ること〉、すなわちこうした〈絶対的に自分の内にあること〉は現前していなかった。

（GW. VIII, 263）

ここではポリスが「天才的統一」と称揚されているが、ヘーゲルのこのような表現にはむしろ、ギリシア的共同原理がもはや近代国家に現実的に適合しうるものではないとする消極的な見地を見てとることもできるだろう。つまり、ヘーゲル自身の国家論のなかでギリシア的共同原理の限界設定がなされる。これに対して同時に、近代の個人主義的傾向がギリシア的共同性よりも高次の精神をもつものとして、肯定的に捉え直されている。この文面には要するに、〈近代に対するギリシアの優位〉から〈ギリシアに対する近代の優位〉という歴史認識の転回が表明されているのである。

ところが、「精神哲学草稿Ⅱ」の国家論は、このような明白な歴史認識の転回に単純に追随したかたちで再構成されてはいない。つまり、歴史認識の転回にともないヘーゲル国家論の定位する原理がギリシアから近代へと転換を迫られたからといって、ギリシア的共同原理の理論的価値を支持してきたそれまでの立場が完全に撤回されるわけではない。この草稿における歴史認識と国家論の関係は、奇妙な様相を呈している。問題の所在は、次のアリストテレステーゼの援用の仕方から明らかになる。

それ〔普遍意志〕は、諸個人の意志からはじめて普遍意志として構成されなければならない。その結果、諸個人の意志が原理と境位のように見えるが、しかし反対に、普遍意志こそが第一のものであり、本質である。そして、諸個人は自己否定——譲渡や教養形成——を通じて、自己を普遍的なものへと形成しなければならない。普遍意志は諸個人に先立つ。（GW. VIII, 257）

この箇所に、「アリストテレス——全体は本性上諸部分に先立つ」（GW. VIII, 257R.）という欄外註が付される。この引用の含意に関する考察は次節にゆずるが、さしあたり次の点は指摘しておきたい。すなわちヘーゲルはここで、個人-国家関係の正当化根拠として、個別意志がおこなう普遍意志への自己陶冶という、契約論的な、ゆえに近代的な境位に即した方法を導入している。が、その一方で、こうした構想を支えるものとして、ギリシア的共同性を言い表すアリストテレステーゼが援用されていることになる。

さてここで、以上の考察を踏まえ、アリストテレステーゼの位置づけの特異性を、次の疑問を呈することによって浮き彫りにしておきたい。「自然法論文」と「精神哲学草稿Ⅱ」との間で、国家論の定位すべき歴史的境位がギリシアから近代へと転回したにもかかわらず、後者の論稿の内で、ギリシア的共同原理であるアリストテレステーゼがなおも国家論の支柱として保持されているのはなぜなのだろうか。

次節において、アリストテレステーゼの位置づけのこうした特異性に潜むヘーゲル国家論の真意を見極めることにしよう。

2　ギリシア的共同原理と近代国家原理の交差

ヘーゲルによるアリストテレステーゼの援用は、しばしば論議の的となるテーマであるが、それらの論ではテーゼが引用されている三つの典拠――「自然法論文」、「精神哲学草稿Ⅱ」、『哲学史講義』――が多くの場合において参照されるにもかかわらず、各テキストで援用されるテーゼの含意の比較検討が主題化されることはない(8)。しかしそれなくしては、前節で指摘したアリストテレステーゼの位置づけの特異性を説明することはできないであろう。そこで本節ではこの比較検討を主題化し、それによって「自然法論文」と「精神哲学草稿Ⅱ」のアリストテレステーゼの含意に明確な異同があることを明示しておきたい。含意の転換に込められたヘーゲルの意図を探ることにつながるこの読解は、ギリシア的共同原理の実践的回復でも歴史的枠組み内での位置づけでもなく、その近代的意義を模索するという、「精神哲学草稿Ⅱ」に特有の試みを照射するものとなるはずである。

それでは前節に引用した二つのアリストテレステーゼにあらためて検討を加えよう。

まず、二つのアリストテレステーゼに共通の解釈としてあるのは、国家的共同体の「自足性」ないし「自立性」である。この解釈は言うまでもなく、『政治学』第一巻第二章に説かれる国家原理に直接従ったものである。周知のようにアリストテレスの多様な「自然」概念のうちには、「自足的に存在するもの」という意味がある。(9)とりわけ『政治学』では、自足的に存在するものとして最善の共同体はポリスであるとされ、他方で諸個人はポリスを離れて自足可能な存在とは考えられていない。こうした観点のもとアリストテレスは、ポリスがそれを構成するあらゆる要素よりも条件的に先なるものであることを強調する。(10)

ヘーゲルはアリストテレステーゼを援用するさいに、『政治学』に倣って「本性上（Natur nach）」という条件を必ず付け加えている。これを踏まえ、先に引用した「自然法論文」の記述に直接窺える共同体の「自立性（Selbständigkeit）」への言及、また「精神哲学草稿Ⅱ」の次の記述、すなわち「共同体は自分自身を支える不滅の身体である。（……）共同体は、自己の内で完結し自己を保持していくものである」（GW. VIII, 264）という記述を合わせて参照すれば、ヘーゲルの援用するアリストテレステーゼの内に、国家の自足性ないし自立性が理解されているということは明白となる。

他方、ここでとくに強調しておきたい論点が、二つのアリストテレステーゼの解釈の相違点である。二つの引用箇所を一瞥すれば直ちに確認できるように、ヘーゲルはアリストテレステーゼを援用するさいに、原典からの引用と、原典の記述を変容させた独自のテーゼを併せて提示している。ヘーゲルによる独自の変容に相当するのは、「肯定的なものは本性上否定的なものに先立つ」（GW. IV, 467）、および「普遍意志は諸個人に先立つ」（GW. VIII, 257）という記述である。アリストテレステーゼ解釈の転換は、このヘーゲル独自の二つのテーゼを比較検討してみることで明らかになる。そしてこの場合、相違を決する手掛かりとなるのは、このテーゼを援用することによって展開される契約論批判の内実である。

「自然法論文」、「精神哲学草稿Ⅱ」のいずれにおいても、アリストテレステーゼは、契約論批判の論拠として援用される。確かにこの点では二つのアリストテレステーゼに違いはない。ところが、「精神哲学草稿Ⅱ」でとられる〈ギリシアに対する近代の優位〉という立場は、契約論批判の手段としてのギリシア的共同原理の性質に変換を迫ることになる。ヘーゲルはギリシア的共同原理を、「自然法論文」におけるように個人の自由意志を度外視したところで高唱しようとするのではなく、個人の自由意志を基準とする近代国家の原理を引き受けた上でなおその意義を問おうとしている。だがこれにより、ギリシア的共同原理は変質を余儀なくされる。

前節でも見たように、「自然法論文」の国家論の特徴は、原理的にも現実的にも前提される国家という全体的存在と、この全体の成員としての個人とがなす〈包摂–被包摂関係〉に焦点が当てられる一方で、意識ないし意志としての個人と国家的普遍との関係如何が不問に付されているという点にある。「肯定的なものは本性上否定的なものに先立つ」という「自然法論文」のテーゼには、個人—国家関係の正当化根拠を考える上で、個人の側の主体的な運動を度外視したいわば図式的な理解が示されているのみである。したがって、このような方法によって近代自然法論ないし契約論批判をおこなうことは、個人の自由意志を前提とする立場への決定的な反論とはならないだろう。

他方、「普遍意志は諸個人に先立つ」という「精神哲学草稿Ⅱ」のテーゼのうちには、次のような新たな試みがある。すなわちそれは、抽象的個人の自由意志を想定していないギリシア的共同原理と[11]、個人の自由意志を起点として普遍意志への生成過程を説く契約論的な方法とを統合しようとする試みである。

では、ギリシア的共同原理と近代の意志の原理を統合させることで展開される契約論批判のねらいとは何か。ヘーゲルによれば、契約論で説かれる普遍意志は、「各人が暗黙のうちに（……）合意したと仮定される原初的契約にもとづいている」（GW. VIII, 257）ため、「現実的な個人」（ibid.）にとっては「他なるもの」（ibid.）である。また諸個人は確かに、原初的契約により成立した普遍意志を享受しはするが、「多数者の積極的な個別性は、それがまだ疎外化（譲渡）された個別性ではないため、（……）普遍的なものにとっては偶然性である」（ibid.）。このようにヘーゲルは、前国家的状態を仮定した上で個人の自由意志から生起するとされる普遍意志を否認する。なぜならそうした意味での普遍意志は、現実的意志としての個人の関与するところではないからである。ヘーゲルはこの点に、普遍意志と諸個人との関係性の薄弱さを看破する。

これに対してヘーゲルが再定義する普遍意志とは、「諸個人に対して絶対的に定在する（absolut dasein）」（ibid.）ものである。敷衍して言うならば、普遍意志とは、前国家的状態における原初的契約から生起するのではなく、「国民会議」（GW. VIII, 263）といった個人の現実的な自己疎外＝譲渡（Entäußerung）の場から生起するものである。したがって、個人の自由意志にとって普遍意志とは、現実的にその由来を自覚し享受しうるもの、またそれに向かって自己を教養形成するべきところのものとして、つねにすでに自己に先立って現前するものでなくてはならない。「自然法論文」においても確かに、個人に「先立つ」普遍の存在が説かれていた。しかしそこでは、個人の自由意志に内在する普遍意志への積極的な動機づけが度外視されていた。この点を補完するべく、「精神哲学草稿Ⅱ」では、個から普遍へという意志の目的論的な方向づけを正当化する原理として、〈現実にすでに存在していて個人が志向するべきもの〉という意味で、「先立つ」普遍の存在が主張されることになる。(12)

要するに、「肯定的なものは本性上否定的なものに先立つ」というテーゼと、「普遍意志は諸個人に先立つ」というテーゼのあいだに存する相違は、先行する普遍のあり方にある。前者において、普遍は単に個人の存立条件として先行するが、後者においては、同時に個人の意志の目的として先行するとされているのである。

結果として、ヘーゲルによるアリストテレステーゼ解釈には次の二つの意味が見いだされることになるだろう。ひとつには、両論稿に共通の解釈、つまり国家的共同体の自足性を正当化することであり、これはアリストテレス政治学本来の意味を受容したものである。そしていまひとつには、「精神哲学草稿Ⅱ」で新たに示された解釈、つまり個別的自由意志から普遍意志への教養形成を目的論的に正当化することであり、これはアリストテレス政治学を近代固有の意志ないし意識の原理に応用させたヘーゲル独自の解釈である。

さてここで、本章の主題に立ち戻ろう。すなわち、歴史哲学の主題化によって後退したギリシア的共同原理の意義とは何か。これは以上に見てきたアリストテレステーゼ解釈の転換を踏まえてはじめて明らかになる。繰り返すが、「自然法論文」においてギリシア的共同原理は、個別性よりも全体性を優位とする国家論を主張するために、契約論にあくまでも抗するかたちで掲げられた。他方「精神哲学草稿Ⅱ」では、〈個別意志から普遍意志へ〉という契約論的方法を積極的に導入し、その上でなお局所的に見いだされる困難――すなわち個人と国家の偶然的な関係――を克服することが目論まれた。このときギリシア的共同原理はその原義を越えて、個人と国家それぞれの意志を媒介とした肯定関係を新たに主張するための原理へと先鋭化されている。従来の近代国家論と対決する上で原義がこのように解釈し直されたところに、ヘーゲルの解するギリシア的共同原理の近代的意義はある。

近代国家論の地平に立った上でなおギリシア的共同原理の意義を追究するという「精神哲学草稿Ⅱ」の姿勢は、しかし、次節で見るように、歴史哲学と結びついた国家論においては、もはやそのまま保持されるようなものではない。歴史哲学主題化以前の国家論に見てとれるギリシアと近代とのこの理論的な接点は、『精神現象学』を視野に入れたとき、厳密には両者の接近と疎隔とを同時にはらんだ「交差」と呼ぶべきものとなるだろう。

3　歴史哲学と精神哲学

さて、最後に残る問いがある。ギリシア的共同原理の近代的意義を模索する姿勢が、『精神現象学』における歴史哲学の主題化とともに後退する一方で、「精神哲学草稿Ⅱ」においては積極的に貫徹されるのはなぜなのか。歴史哲学の成立史や、『精神現象学』の構成をめぐる諸問題について詳細な論及をおこなう余地はここにはない。ただ示しておくことができるのは、『精神現象学』と「精神哲学草稿Ⅱ」、厳密に言えば前者の歴史哲学と後者の精神哲学における、「歴史」ないし「世界史」の取り扱い方の違いである。この違いを踏まえることによって「精神哲学草稿Ⅱ」に特有の試みを可能にしている哲学構想上の背景を明らかにし、本章を終えることとしたい。

周知のように『精神現象学』は、精神の現象としての意識が絶対知へといたる経験の行程を叙述するものである。そこでは、この精神の自己知の生成過程が歴史の発展過程と同一視され、さらにその諸相が歴史叙述に即したかたちで展開される。こうした歴史哲学の叙述形式のもとでは必然的に、ギリシアと近代とのあいだに時間軸上の隔たりが生じてくる。

しかしもちろん単にその点のみを理由として、ギリシアと近代との接点、ひいてはギリシア的共同原理の意義を問うヘーゲルの姿勢の後退を指摘することはできない。『精神現象学』の「絶対知」末尾での記述によれば、歴史とは、精神の自己知の生成が織りなす「画廊（Galerie）」（GW. IX, 433）のようなものである。ひとつひとつの画が別個の精神の描き出す国家ないし世界形態であるのだが、それでいて各々が恣意的な連関をなさず、必然的な結節をもって陳列されているのは、それが精神の「経験」に貫かれていることによる。精神は「世界経験（Welterfahrung）」（GW. IX, 197）の中で、先行する精神の諸形態を「想起（Er-Innerung）」（ibid.）することによって保存し、のみならずそこから何事かを学びとり、教養形成をおこなう。したがって歴史哲学の叙述形式のもとでも、このように「想起」という作用によってギリシア精神は近代精神の内に根づいており、その限りで歴史の不可逆性に左右されずに確保される両者の接点を見いだすことは可能である。

とはいえ、精神のこの「想起」作用と、ギリシア的共同原理の意義を問うヘーゲルの視点とは、厳密に言って同じ水準にはない。『精神現象学』における歴史叙述の具体的な終着点はヘーゲルの同時代、すなわち契約論や啓蒙主義が隆盛を極める近代であり、この近代精神はギリシア精神を「想起」することによってこそ成立しているとされる。一方、前節の終わりで述べたように、「精神哲学草稿Ⅱ」のヘーゲルの意図は、ギリシアと近代の両原理について、そこにはらまれる問題性を剔抉しながら両者を再構成することで独自の国家構想を新たに樹立することにあった。とすれば、ヘーゲルにとって、ギリシア精神を「想起」するとされる『精神現象学』の近代精神そのものこそは、ギリシア的共同原理を敢えて援用してまで再構成されるべき批判対象となるはずである。つまり近代精神はギリシア精神を想起するが、ヘーゲルはいわば、さらにその近代精神を想起するという見地に立つ。しかし『精神現象学』で主題化される歴史哲学が、歴史叙述の終着点を近代とするかぎり、こうした見地にもとづいてなされるギリシア的共同原理の近代的意義への問いは困難なものとならざるをえない。

他方、ヘーゲルの精神哲学は、精神が自然から還帰し自己確信にいたる様相を考察するという点において『精神現象学』と同様の主題を有しながらも、その過程を歴史叙述と並行して展開するという歴史哲学的な方法は導入しない。確かに「精神哲学草稿Ⅱ」においても、精神の自己知の生成を「世界史」と同一視する観点は存しており、それは次の記述から明らかである。「〔自らを統一する〕精神が世界史である。世界史において、精神と自然は単に即自的にのみひとつの実在であるということが止揚される。精神は自然の知となる」(GW. VIII, 287)。ここで世界史は、精神が自然との統一を果たし自己確信を獲得してゆく場として、『精神現象学』と同様の意味で規定されてはいる。だが、ここでの世界史の規定は、精神の自己知の生成過程を時間のなかで捉えてみる場合にはじめて生じてくるものとして、草稿末尾で右のように付言されるにとどまるものである(vgl. GW. VIII, 286 f.)。「精神哲学草稿Ⅱ」はむしろ、精神の自己知を歴史叙述に即してではなく、諸々の「国家体制(Constitution)」(GW. VIII, 253)に即して考察することに主眼を置いている。

すでに見た通り、「精神哲学草稿Ⅱ」のヘーゲルは、自身の国家論のうちに「近代の高次の原理」を据えた。この立場から、僭主制、民主制、君主制などの国家体制に関する体系的な考察がなされる。とはいえ、ヘーゲルは契約論にもとづく従来の近代国家論を端的に肯定するのではなかった。国家体制の論じ方としてヘーゲルが支持するのは、同時代の国家を考察対象とするプラトンの方法よりもむしろ、国家体制の多様な形式を考察対象とするアリストテレス政治学の方法である(13)。この方法は、歴史的現在という現実的状況の制約を受けずにギリシア的共同原理を援用して近代契約論の批判をおこなうことで、独自の国家構想を提起しようとするヘーゲルの試みを可能にする。その結果として、先にアリストテレステーゼ解釈から得られた概念構造、すなわち国家が第一のものとして在り、かつそこに普遍意志へと向かう個別意志の教養形成が内在するという概念構造が、ヘーゲル独自の国家構想としてこの「精神哲学草稿Ⅱ」の国家体制論のなかで提示されるのである。

精神の自己知の完成を世界史にゆだねるという観点を最終的には示唆しつつも、その歴史的発展過程の内実に関してヘーゲルは沈黙する。しかし歴史叙述のこうした留保によって、ヘーゲルは体系的な国家体制論を展開し、そのなかで自身の国家論の立場を確保する。――「精神哲学草稿Ⅱ」のこうした構成こそが、ギリシア的共同原理の近代的意義への問いを可能ならしめているのだといえるであろう。

「精神哲学草稿Ⅱ」以降、アリストテレステーゼがヘーゲルの国家論のなかで直接的・明示的なかたちで援用されることはなくなる。しかしそれを徴証に、ギリシア的共同原理がヘーゲル国家論の理念として潰えてしまったと結論を下すことは、もちろん意味のある解釈とはいえない。ギリシア的共同原理と近代的原理との両立を可能にしているのが、後期の国家論である。『法哲学』（一八二一年）によれば、国家とは「現実においてそもそも第一のもの」（GW. XIV, § 256 Anm.）であり、そこに「国家の普遍性にまで高められた特殊的自己意識」（GW. XIV, § 258）が脈打つ。国家の自足性だけでなく、個人の国家への目的論的運動性を説くこの思考に存するのは明らかに、ギリシア的共同原理を近代国家論の俎上で解釈し直すという、「精神哲学草稿Ⅱ」を継承しそして展開した視座である。「精神哲学草稿Ⅱ」に特有の試みは、『精神現象学』における歴史哲学の叙述形式のもとでは確かに後景に退いてしまったにせよ、根本的に断たれたわけではない。むしろ、ヘーゲルがイェーナ時代に理解したギリシア的共同原理の近代的意義は、後期の国家構想のモチーフをなすまでになっているのである。

イェーナ時代以降本格的に「近代の高次の原理」へと沈潜してゆくヘーゲル国家論の中で、ギリシア的共同原理がどのように変貌し定着を遂げていったのかということが、なお追究するべき課題となる。本章ではヘーゲルのアリストテレス解釈から、ギリシアと近代の国家原理の再構成、およびそれにともなう前者から後者へのいわば軸足の移動を見てきたが、この論究はそうした課題を解き明かすさいのひとつの道標となるはずである。

第八章　ヘーゲルの「作品」論

——個と普遍のあいだへの視座——

1　個と普遍の弁証法における個別者の困難

個と普遍という伝統的な対概念をめぐる問いは、ヘーゲル哲学にあっては弁証法の成立のメカニズムを問うという問題系のなかで発展的に取り組まれたといえるだろう。すなわちこの構想は、早くはフランクフルト時代の草稿群において、そして「一八〇〇年体系断片」において論じられ、続いてイェーナ時代全体にわたってヘーゲルの課題となったが、たとえば「精神哲学草稿Ⅱ」（一八〇五／〇六年）においては、すでにいわばその完成された形態が見られる。端的に表すならばそこでは、〈普遍意志が第一のものとして存在し、個別意志がそれに向かって自己陶冶する〉というひとつのモデルが確立されている（vgl. GW. VIII, 256-258）。そしてこうした個と普遍の関係性のモデルは後年の『法哲学』（一八二一年）においてもほとんど原型のまま受け継がれるなどして、ヘーゲル哲学の対象とするさまざまな問題領域に浸透している。たとえば歴史哲学における個々の時代の目的論的な発展や、国家論における個人と国民の必然的な同一性などはよく知られたテーマであるが、こうした視点に通底するのが、相矛盾しあう個と普遍の目的論的な同一性を説くヘーゲル哲学の弁証法なのである。

しかし、ヘーゲルによって個と普遍のこうした目的論的な合一構造が提示されたとき、直ちに抱かざるをえないのは次のような問いであろう。この構造のもとでは、普遍の側にそなわる目的としての威力によって、個の境位が結局は普遍に解消されてしまうような消極的で薄弱なものになるのではないか(1)。たとえばヘーゲルの国家論を権威主義思想と見なす論点などは、根本的にはそうした問いにもとづいたヘーゲル批判の典型例ともいえよう。だが他方で、もとよりヘーゲル哲学が、個と普遍の同一性に「強制」概念をもちこむようなフィヒテの自然法論とは一線を画すものであることも事実である以上、こうした問いを立てるのは、あるいは少なくともこの問いに短絡的に答えるのはいささか性急であるようにも思われる。

本章で試みるのは、イェーナ時代のヘーゲルの個と普遍の弁証法をめぐる問いにおいて普遍に対する個の積極的な意味がどのように確保されているのかということを検討し、最終的には「個別性の救済」という論点を確認することを通して、先の問いにひとつの否定的な回答を与えることである。そこで以下では、その題材として、ヘーゲルが意識の「対他性」にもとづいて展開した「作品（Werk）」という概念に注目し、その内実を読み解いていくこととする(2)。

2　意識の対他性

ヘーゲルの「作品」論の考察に入る前に、以下ではまず、作品概念の意識論的な基盤となっている意識の「対他性」について、その基本的な特徴を概観しておく。

ヘーゲルは意識に関する個と普遍の弁証法の展開過程（たとえば『精神現象学』の自己意識の章）のなかで、個別的意識が普遍的意識へと関係づけられていくさいに不可欠の契機を、意識の「対他（für anderes）」性に見いだしている。この意識の対他性とは、さしあたり言葉の通り、各々の意識が「他者に対して」あるいは「他者にとって」あるということを意味する。ヘーゲルは自己と他者との関係を、「ある自己意識に対してある自己意識が存在する（Es ist ein Selbstbewußtsein für ein Selbstbewußtsein）」（GW. IX, 108）、あるいは「自己意識に対して、ある他の自己意識がある（Es ist für das Selbstbewußtsein ein anderes Selbstbewußtsein）」（GW. IX, 109）というテーゼによって表すのであるが、ここには次のように、対象意識であると同時に自己意識でもあるという意識の性質が考慮されている。対象意識と自己意識とを同時にそなえた意識が個々別々に存在し、等しくこのような性質をもつ意識同士が対峙する場合、そこに成立するのは、私という自己意識が他者という自己意識をひとつの対象として意識すると同様に、他者という自己意識もまた私という自己意識をひとつの対象として意識しており、さらに私と他者とのこうした関係のあり方それ自体を双方が了解しているという事態である。つまり、自己が他者のうちで他者化されていることを各人が等しく自覚しているということ、この点に意識の対他性の本質がある。

この意識の対他性が、個が普遍へと関係づけられる契機となるのは、それが意識の相互承認の可能性の条件となるからである。詳細については後述することになるが、ヘーゲルは個別的な意識を普遍的な意識へと媒介するものとして、相互承認を通じて生起する共同性にその役割を見いだす。そのさい相互承認の基盤となるのが、自己と他者とが互いのうちに等しいものを見るという意識の対他性なのである。

しかしながら、そのように意識の対他性を共同性ひいては普遍性へと展開しようとする場合に主として考慮されているのは、対他性のいわば「開かれた側面」でしかない。先に説明した対他性の規定からすれば、確かに各人は各人の内に自己の姿を見いだしはするが、他方で同時に、その姿はあくまで他者と見なされるかぎりでの自己にほかならず、各人は根本的に互いにとって対象にすぎない仕方によっても存在していることになる。したがってその点で対他性には、〈他者と対立している〉といういわば「閉じられた側面」もつねにそなわっているはずであるということを看過ごしてはならないであろう。対他性には自己と他者との共同と対立・排他とが同時に含意されていることを押さえておく必要がある。はじめに触れたように、ヘーゲルの個と普遍の弁証法のうちに普遍をそもそも原理的に優位とする思考が存していることを考え合わせるなら、なるほど確かに対他性の開かれた側面すなわち共同性は、弁証法において主導的な役割を果たす契機となってくるだろう。だがそうしたなかで他方、対他性の閉じられた側面、すなわち個々の意識の対象性は、どのような位置を得るのだろうか。私見によれば、意識の対他性の対象的側面に注目するとき、この側面にもとづいて普遍に解消されない個の可能性は確保されることが最終的にはできるように思われる。

以上に概観したような「対他性」という意識のありようを、市民社会や国家を背景としたより現実的な事柄に即したかたちで具体化するのが、ヘーゲルの「作品」論である。ヘーゲル哲学における「作品」概念は、それほど大きく議論の的とされることはないが、この概念のうちには、個が普遍に解消されてしまうことなく、ほかならぬ個として普遍と関わり、さらには普遍を自己の内に還元していく様を追究するヘーゲルの思考が潜んでいるように思われる。

3　作品と個人

以下ではまず『精神現象学』[3]から、意識という主体とその所産である作品との関係について主題的な考察がなされている箇所を取り上げて、意識の対他性に即して表れる作品の基本的な特徴を捉えていくことにしよう。[4]

作品の定義はさしあたり次のようにして与えられる。「作品は、意識が自らに与える実在性であり、個人が即自的に在るものを自覚的なものとするところのものである」（GW. IX, 220）。ヘーゲルは個人とその作品との関係性を、個人が自己を取りまく世界ないし「諸々の環境（Umstände）」（GW. IX, 218）のなかで自己の実在性を自覚していくひとつの契機であると見なす。つまり個人が外的現実世界との関わりにおいて、自己のおかれた環境にしたがって、自己の個別的内容を実在として定立し妥当させるべくそのつど生み出していくもの、それが「作品」である。ここで作品としてヘーゲルが想定しているのは、「特殊な能力、才能、性格」（GW. IX, 217）をともなう「行為（Tun）」（ibid.）を通じてなされるような、社会における個人の仕事一般である。とくに芸術家や学者や職人の仕事などが理解しやすい具体例となるだろう。これらの仕事の所産である芸術作品や学術論文等は、ヘーゲルによれば、「個体性全体の内容として（……）行為によって存在のうちへと差し出された（herausgestellt）」（GW. IX, 222）ものといわれる。

しかしそのように世界へと差し出され、他者や社会といった客観にさらされるかぎり、作品は、たとえその存在意味が個人にとっては自己の実在性の定立ということにあるのだとしても、制作者のこの個別的な枠組みを超え出て多様な意味を付与されてゆかざるをえない。個人が自己の実在性の証として生み出した作品は、外的現実世界を媒介として否応なしにその固有の意味の否定や変化にさらされることになる。ヘーゲルはこうした事態を踏まえて、作品の性質としてさらに次のような規定も与えている。「一般に作品は、移ろいゆくもの（etwas Vergängliches）であり、他の諸々の力や諸々の関心の矛盾によって消されてしまい、個体性の実在性を、完成されたかたちでというよりは、むしろ消えゆくものというかたちで表現する」（GW. IX, 221）。

個別的な意味を超え出て、外的現実世界のうちで或る程度社会的・普遍的な意味を得ることとなった作品は、ヘーゲルによれば「事柄そのもの（Sache selbst）」（GW. IX, 223）、言い換えれば「個体性と対象性そのものとが、対象的となったかたちで浸透すること」（ibid.）として存在する。作品が先のように「移ろいゆくもの」といわれるときに含意されているのは、個人の特殊な行為の意図と、それが世界に差し出されたときに蒙る作品の多様な存在意味との対立ないし不一致にほかならず、これは個人の側で起こる現象をいうものにすぎない。だが他方で、作品が「事柄そのもの」となるとき、個別性とその所産としての或る対象との統合であった作品は、さらにまた世界に組み込まれ統合されて、客観的に対象化され社会的・普遍的な意味を付与されることになるのである。

以上のように、ヘーゲルによれば作品とは、個人の実在性の証である一方で、個人の枠組みを離れてそれ自体としての意味を獲得していくという二つの性質を併せもったものである。したがって、作品が本来個体性の実現態であったことを考えた場合、個人とその作品とのあいだには、つねにある種の隔たりと偶然性が生じてくることにもなるのである。

さて、作品のもつ二面性、つまり個別的側面（「移ろいゆくもの」）と社会的・普遍的側面（「事柄そのもの」）を確認した上で、次節ではさらに、この両側面の相互関係というものがあるとするならばその意味に関心を向けたい。前節で確認したように、意識はその対他性として二つの側面、つまり対象性と共同性とを併せもっており、かつこの事態が各人にとって自覚的にある。これを作品論の俎上で解釈するならば、作品の上の二つの性質が個人の内で同時に自覚されているということも考慮しておく必要があるだろう。つまり、個人は自らの作品を自己完結的な意味をもつものとしてだけでなく、世界に開かれた意味をもちうるものとしても了解している。そのかぎりで作品の二側面は個人の内で同時に保有されているのである。このように意識の対他性の規定を考慮すれば、作品の二つの性質は、たとえ区別して規定することはできるにせよ、それぞれまったく独立したものではないはずである。個と普遍の弁証法において、普遍に対する個の積極的な意味はどのようにして確保されうるか、というはじめの問いに立ち返るならば、そうした積極的な個の可能性は、各人が作品を通じて個と普遍を区別するだけではなく、いかにして自己を双方に関係づけていくかという点を追究してはじめて明らかになってくるだろう。それによって、普遍を第一のものとし目的として目指す過程に身をおきつつも、個別者がこの普遍性をいかにしてその都度自己に還元していくのかということも明らかになる。

以下では、個人の実在性の証という意味を超えて社会的・普遍的な意味をもった作品に対して、さらにまた個人がどのように関わるのか、また逆に、世界に開かれ社会的・普遍的な意味をもった作品が個人に対してどのようなかたちで作用するのかということを検討していく。

4　作品と承認

ヘーゲルは「精神哲学草稿Ⅰ」（一八〇三／〇四年）において、個と普遍の弁証法における作品概念の位置づけを主題的に論じている。この草稿でヘーゲルは意識の対他性から「承認」概念を導出することによって、いかにして個別的な意識が普遍的な意識へと生成するかということを問題としながら、こうした弁証法的な問題に即して作品の個別的側面と社会的・普遍的側面との相互関係のありようを規定しようとする。

まずは、意識の対他性の特徴を再び考慮しながら、「精神哲学草稿Ⅰ」におけるヘーゲルの承認概念を整理しておこう。意識の対他性の特徴は、各人が各人に対立してあるということ、また各人が各人の内で等しく他者化されるということ、言い換えれば対象性と共同性とにあった。ヘーゲルは、意識の対他性がこの対象的側面から共同的側面へと展開する過程そのものに承認概念の本質を見いだし、意識が最終的にこの共同性の境位で存在せざるをえないということから、「意識は承認されたものとしてしか存在しない」（GW. VI, 314）というテーゼを提示する。意識が対象性・排他性から共同性へと向かう過程については、「自然法論文」以来批判的な考察がなされてきたホッブズ、フィヒテ的な契約論の方法を受容したかたちで論じられる。それによればまず、各々の意識は自己の「個別的統合（eine Totalität der Einzelnheit）」（GW. VI, 313）を他者の内に定立させようとする欲望を抱くが、その欲望は極端なかたちでは他者の否定、すなわち死をもとめる方向に突き進み、この動きが同様に他者から自己に向かっても起こることにより、結果として承認は両者の死を意味することにならざるをえず、ゆえに実現不可能なものとなる。しかし各々の意識は自己保存欲にもとづいてこうした極限状態を回避するために、現実的には、自己の欲望が完全なかたちで満たされることはなく、少なくとも他者の欲望との競合、そして折り合いによって或る程度制限されたかたちでしか満たされえないのだということを互いに了解し合い、自覚せざるをえなくなる。したがって個別的統合は、「つねに死の準備ができた、自分を断念してしまっている」（ibid.）ものとしてのみ存立している。「私が絶対的な統合であるのは、個別性の統合としての他者たちの意識が、廃棄されたものとしてしか私の内に存在していないからである。しかしそれと同様に、個別性という私の統合も他者の内で廃棄されるひとつの統合なのである」（ibid.）。ヘーゲルによれば、自己と他者とのこのような関係性をもって承認状態が成立する。つまり定式化していえば、各人は自己の個別性を制限されたかたちではあるにせよ妥当させるために、各々の内で他者の個別性を同じく制限されたかたちではあるにせよ受け容れるのである。ヘーゲルは承認状態のこうしたあり方によってこそ、「個別性が絶対的に救済されている」（ibid.）状態が確保されるのだという。ただし、このように各自の個別性がそれ自体で独立的には、あるいは自己完結的には実現されえず、他者との相互関係の多様な広がりの中でこそ相対的に確保されていくものである限り、承認運動の生起は絶え間のないものとなる。ヘーゲルはそうした点も踏まえて、意識の承認運動の様相を最終的に次のように規定する。

> 意識が〈承認されるということ（Anerkanntwerden）〉が意識の実存であって、意識はこの実存においてただ廃棄されたものとして存在するだけである。したがって、こうした絶対的な意識は個別的なものとしての意識が〈止揚されている存在（Aufgehobensein）〉である。この〈止揚されている存在〉とは、一方が他方において〈自分自身になること（Zu-sich-selbst-Werden）〉と同時に、自分自身において〈自分にとって他になること（Sich-anders-Werden）〉という、永遠の運動である。
> （GW. VI, 314）

それでは、以上に見てきた意識の承認運動の行程、つまり〈他者に対する純粋な自己定立から、各自のうちでの相互的な他者定立へ〉という対他性の二側面の展開のなかに、作品概念はどのように位置づけられることになるのか。ヘーゲルによれば、諸々の意識は先の「永遠の」承認運動に身をおくことをもって、（ヘーゲル哲学にあっては）個人が現実にいたりうる普遍性の最たるかたちである「ひとつの国民の精神（Geist eines Volks）」（ibid.）へと生成し、またこの「国民の精神は自ら永遠に作品にならねばならない」（GW. VI, 315）。ここで「作品」といわれるものにもまた、先に確認した『精神現象学』の作品概念と同様、主体の実在性の証という含意がある。主体はここでは承認状態にある国民精神となるが、ヘーゲルはこの国民精神が自己の実在性を証立ててそのつど生み出していくものとして、言語・労働・財などを挙げ、これを「万人の共同作品（gemeinschaftliche Werk aller）」（ibid.）と総称する。

さて、そうした上でここで改めて問題とすべきは、作品概念が承認概念と密接な関係のもとで論じられているということである。前節の終わりに提起した、作品の個別的側面と社会的・普遍的側面との相互関係に関する問いは、作品概念が承認論の文脈におかれたときにはじめて明らかになってくる。各自が互いの個別性を主張しつつもこれを絶対化することなく、「他者になること」によって相互主観的に共通了解を得、その所産として「万人の共同作品」を形成していく、という過程が承認概念によって明らかにされたが、この論理によって作品の個別的側面と社会的・普遍的側面は同一の地平で関係づけられることになるだろう。というのも、承認論において作品概念を解釈し直すならば、自己は個別性の証としての作品の意味を妥当させようとするがゆえに、他者や共同体や社会のなかで自己に固有の文脈を離れて受容される作品の意味をも認めることになるからである。このように各人が自己の生み出す作品に個別・普遍両方の意味があることを了解するとき、そこには自己以外の何ものとも無関係であるような「(単なる)個別者はもはや存在していない」(ibid.)のであって、各人はむしろ普遍に関わる個別者として国民精神という境位にあるのだとヘーゲルはいうのである。この国民精神の客観的な現れである「万人の共同作品」は、各人が自己の作品の個別的意味を共同化して承認するところの社会的・普遍的な事柄一般として形成され、積み重ねられ、発展していくものにほかならない。各人の個別性は、個人が「万人」という共同性の境位にいわば自己肯定的に参与することによってこそ確保されるのである。しかし作品をめぐる個と普遍の相互作用のこうした構造は、けっして個が普遍に全面的に解消されるということを意味するものではない。それは以下に述べるような国民精神の性質から理解することができるだろう。

最後に問題となるのは、承認論において作品の個別的側面と社会的・普遍的側面とがなす右のような関係構造のもとで、最終的にはいかにして普遍に対する個の積極的な意味が確保されうるのかということである。「万人の共同作品」の生成過程において、各人は自己の「個別的統合」を絶対的に妥当させることを断念するのであるから、各人の個別性と「万人の共同作品」とはそのかぎりで否定的な関係をなしてはいる。しかしながら、「万人の共同作品」もまた作品であるかぎり、作品の「事柄そのもの」としての性質、つまり制作者（この場合は国民精神）の意図を離れて意味をもつという性質をそなえている。したがって、たとえ「万人の共同作品」が各人にとって自己の個別性を否定するものであるとしても、そのうちには同時に、各人の自己の個別性が「万人の共同作品」を超え出て再び自己を意味づけていく可能性もまた開かれているのである。ゆえに承認が「永遠の運動」であるのと同様に、作品をめぐって個と普遍も循環することにはなるが、こうした構造においてこそ諸個人は共同性や普遍性に対して自己の個別性を積極的に確保していくことができる。「万人の共同作品」に対するこうした個別者の関わり方については、次の文面に示されている。

国民の人倫的な作品は、普遍的な精神の生きた存在である。普遍的な精神は、精神としては、諸個人が観念的にひとつであることであり、作品としては、諸個人の媒介項（Mitte）であって、次のような循環である。すなわち、〔この精神は〕自分を死んだものとしての作品から区別して、自分を活動的で個別的なものとして定立し、その作品を普遍的な作品として定立するが、同様に直ちにそこにおいて自分を止揚し、自分にとって単に止揚された活動性、止揚された個別性でしかなくなる。（GW. VI, 316）

ここには、承認を経て社会的・普遍的なものとなった作品に対してさらに諸個人が活動的に自己定立をおこなっていくということが、「精神」の性質として明示されている。「国民精神」ないし「普遍的な精神」の内には、個別者による否定という契機がつねに含まれているのである。したがって作品の個別的な側面は、社会的・普遍的な側面が成立することによって完全に棄却されてしまったり、ただ拠り所を失い「移ろいゆく」にすぎないのものとなるわけではない。むしろそれは、作品の共同的・普遍的側面によって否定的に媒介されることによって、新たな個別的統合の定立や意味づけと、より具体化された共同性・普遍性の構築を導く契機を果たすのである。

以上、ヘーゲルの考える意識の対他性とその現象である作品の概念規定について、またさらに作品概念が承認運動の内に位置づけられた場合に解釈される個別性の行方について検討してきた。これまでの考察から明らかなように、ヘーゲルの作品概念の本質は、それが個と普遍の媒介契機であるだけでなく、普遍に対する自己定立という個の活動の可能性を確保するという点にある(5)。

ヘーゲルにおける個と普遍の弁証法の根底に、普遍を第一のものとする目的論が存している以上、個の側に普遍へと開かれた性質を見定めていく作業はたしかに主導的なものとならざるをえない。ただし、この目的論的な弁証法にあって個が普遍へと媒介されるのは、あくまでも否定的な仕方によってである。つまり、承認論で見た通り、諸個人は自己と対立・矛盾するものに出会うとき、それによって自己が完全に否定されてしまうことを互いに回避するために宥和的状態を築くが、この承認状態は、諸個人を共同・普遍の境位に導くものである一方で、個人にとって制限を意味するものでもある。したがってこのようなかたちで個が普遍へと否定的に媒介されていくのだとするならば、そのつど否定される個の側面の生起、つまり個の普遍に対する肯定性もまたヘーゲルの弁証法にとって不可欠の要件となってくる。そうしたとき、先の〈個から普遍へ〉という主題の背後で否定的規定として確保されているような、個の側の普遍に対して閉じられた側面、またこれが普遍へと媒介されると同時に普遍を止揚し自己に還元する運動——これまでの議論によれば、意識の対他性の対象的側面、あるいは作品の個別的側面——こそが、このヘーゲルの弁証法の核心をなすものとなるのである。

目的論的な弁証法における個の普遍に対する積極的な自己否定という問題が、「精神哲学草稿Ⅰ」という論稿において「個別性の救済」という明言のもとに考慮されていることを本章では確認できた。そこでは、『精神現象学』の言葉を借りれば作品の「移ろいゆく」かたちと「事柄そのもの」というかたちが踏まえられており、「万人の共同作品」という普遍的なものがあるとき、これに解消されてしまうのではなく、むしろそれを自己のうちに還元していくという個別者の姿が示されている。ヘーゲルの作品概念は、個と普遍の弁証法において、いかにして個別的なものが普遍的なものとの連関において能動的に自己の実在性を定立し保持していくのかという問題へのひとつの回答であるといえるだろう。

第Ⅳ部　思弁の視野

ヘーゲルの思弁哲学は、個と普遍、有限なものと無限なもの、理性と理性ならざるものの対立、関係性、合一を、生（Leben）をモデルとした有機的全体のなかで理解しようとするところから出発している。この着想はフランクフルト時代の「一八〇〇年体系断片」にまで遡るが、『差異論文』ではより明確に次のように述べられている。

〔精神と物質、魂と肉体、信仰と悟性、自由と必然性といった〕この固定化された諸々の対立を止揚することが理性の唯一の関心事である。この理性の関心は、あたかも理性が対立や制限一般に対立するかのような意味をもっているわけではない。というのも、必然的な分裂（Entzweyung）は、永遠に対立しながら自己形成する生の一要因であり、最高に生き生きとした全体性は、最高の分裂から回復すること（Wiederherstellung）によってのみ可能だからである。むしろ理性は、悟性による分裂の絶対的固定に対立するのであり、まして絶対的に対立している分裂そのものが理性に起因しているとなれば、なおさら理性はそれに対立するのである。（GW. IV, 13f.）

しかし、このような生の原理の適用により構築されたヘーゲルの思弁哲学は、中・後期シェリング、実存主義、フランクフルト学派等の側から、本質優位の汎理性主義・汎論理主義であると言われ、理性や本質に還元されない人間の生の充実に対して消極的であるという趣旨の批判を受けてきた。ヘーゲルの思弁哲学の実相とヘーゲル批判の切り口との間には、しばしばこのような大きな齟齬が見られる。

確かに、こうした問題点への取り組みとして、イポリットやメルロ＝ポンティをはじめとする「弁証法の実存的理解」、すなわち個と普遍の中間者である人間存在の側面をクローズアップする解釈が提[redacted]た。[1]
しかしそうした立場は、実存主義固有の問題関心にもとづき近代的理性の妥当性そのものに[redacted]して懐疑的であるため、非理性に対する理性の積極的意義という側面の考察にまで踏み込むわけではな[redacted]現代においては確かに〈非合理〉や〈理性の他者〉への視点をいかに深めてゆくかがますます重大な[redacted]心事となっているが、本書第Ⅳ部では、むしろそうした関心を抱かずにはいられない当の[redacted]体の次元へと立ち返って考察を進めてゆくことにしたい。哲学ひいては人間が理性を忘却し[redacted]ないとすれば、求められるのはむしろ理性と理性ならざるものとの対話的・包括的な理解の地平へいか[redacted]目を向けるかであり、ヘーゲルの「思弁理性」こそ、その意味での「普遍的な」次元を担うものとし[redacted]られているのではないかと考えるからである。

第九章　思弁的思考と弁証法

——思弁哲学の困難と可能性をめぐるヘーゲルの視点——

絶対的なもの（絶対者［das Absolute］）と呼ばれるものの学問的認識に向けた試みとしてドイツ観念論期に隆盛を極めた思弁哲学ないし思弁的観念論は、すでに近世哲学において学的方法としての積極的意義を失いつつあった思弁の概念を新たな視点のもとで捉え直そうとした。

思弁という人間の思考様式の可能性の探究は、周知のようにアリストテレス、中世キリスト教神学、新プラトン主義の哲学のもとでさかんにおこなわれたが、そのさい思弁は一般に、実践や経験とは対照的な理論的認識様式として理解されていた。こうした図式は近世においても継承されるが、そこではとくに人文主義、経験論、プロテスタンティズムなど有限な人間の生の現実的充実を志向する潮流の影響下で、哲学的・神学的思弁の限界性が批判的に際立たせられることになった。さらに近代では、後程述べるように、カントが思弁と経験とを区別と対立の相において捉えている。——こうした思弁理解の発展史のなかで、思弁哲学は、有限なものが経験する現実の拡がり、充実、混沌に対し虚しい抽象的思考にすぎないのではないかという疑念にさらされてきた(1)。

本章では、こうした背景を踏まえた上で、思弁哲学の困難と可能性をめぐるヘーゲルの視点を具体的に明らかにすることを試みる。哲学史上、ヘーゲルは思弁哲学のひとつの頂点を築いた人として知られる。しかしその哲学の実相においては、思弁的思考の営みが歴史的に抱えている困難と、その克服の可能性とをめぐる二重の問題認識が、葛藤にも似たかたちで共在している。イェーナ時代から後期にいたるまでヘーゲルの思弁哲学のひとつの試みは、カントの思弁理解を克服し、経験との連続性から、生動的な思考としての思弁の可能性を新たに見定めようとすることにあった。ヘーゲル哲学における思弁と経験の連続性は、従来しばしば論じられてきたテーマでもある。[2] 本章ではまず予備的考察としてこの論点について素描する（1）。しかし翻って、体系期の著作『エンチュクロペディー』（第二版、一八二七年）にいたってヘーゲルが思弁に抽象的側面を容認し、思弁に対する積極的態度と消極的態度の交差したような見解を示しているという事実もまた見過ごすわけにはいかない。そこで、ヘーゲルの思弁理解の帰趣を追究するためにも、右の事実の背後に控えるヘーゲルの議論にも焦点をあて、思弁の抽象的側面が何を意味するのかを見極めようと思う（2）。そして最後に哲学史的観点も含めて、ヘーゲルの思弁哲学の可能性に向けて若干の展望を示しておきたい。

1　思弁と経験

本節では、とくにイェーナ時代初期以来おこなわれてきたカントの思弁理解への批判にもとづいて、ヘーゲルの思弁概念の基本的視座を際立たせ、思弁と経験との懸隔がどのように反省され克服されようとしているかという局面に焦点をあてたい。

『純粋理性批判』（第二版）における次の定義は、思弁と経験に関するカントの理解を端的に示している。「理論的認識は、それがいかなる経験においても到達しえないような対象、あるいは対象についてのそうした概念に関わる場合には、思弁的である。これは、可能的経験において与えられうる対象ないし対象の述語以外のものには立ち入ることのない自然認識に対立する」(KrV. B 662f.)。カントではこのように、認識が可能的経験の限界内にとどまるものであるか、これを超えるものであるかによって、悟性の自然認識・理性の思弁的認識との区別が設けられ、両者は対立の相のもとに捉えられている。

カントの思弁理解に対するヘーゲルの批判は、イェーナ時代全体を通じてなされる独自の弁証法構想の練り上げのなかでおこなわれてゆく。弁証法の構想をめぐる試行錯誤の軌跡は、この時期の多くの論稿・草稿群を厳密に読み解いてこそ鮮明に浮かび上がってくるものではあるが、構想の根底に一貫してあるモチーフを確認しておくならば、それは有限な人間精神の無限の可能性にもとづいて絶対的なものを「生成」として構成するということである。こうした構想によれば、カントの立場、すなわち経験的なものと経験を超えるもの、有限なものと無限なもの、悟性と理性の二元論の図式は、絶対的に固定化されるものではありえなかった。むしろ絶対的なものは、その構成に向けて有限性から無限性へと、また悟性から理性へと自己止揚をおこなってゆく人間の知の運動の地平において捉えられるものと理解される。こうしてカントの企てた理性の「弁証論」はヘーゲルにより批判的に摂取されて、人間精神の「弁証法的運動」の可能性として捉え返されることとなり、次のような「哲学の課題」(GW. IV, 16)が樹立される。「存在を非存在のなかへ――生成として、分裂を絶対的なもののなかへ――その現象として、有限なものを無限なもののなかへ――生として定立する」(ibid.)。

有限性から無限性への生成モデルをあらわすこうした弁証法の初期構想こそが、思弁と経験とを両者の対立ではなく連続性において捉え直すという、従来の伝統的理解からの大幅な転回を準備するものとなる。それでは、思弁と経験との連続性とは具体的にどのような様相を呈するのだろうか。『精神現象学』序文および緒論では、思弁概念がヘーゲル固有の弁証法概念との関係からはじめて決定的なかたちで論じられるため、以下ではこのテクストに眼を向けたい。

カント的な思弁理解の克服という観点から、ヘーゲルの思弁概念をさらに読み解くために、ここでヘーゲルの経験概念の特徴について留意しておく必要があるだろう。カントにおいて経験とは、感性、悟性によって知覚の多様に綜合統一をもたらし、客観を規定する認識様式であった（vgl. KrV, B 218）。ところがヘーゲルの経験概念は、こうした枠組みには収まらない独自の要素を含んでいる。それは「意識の経験」というテーマとしてよく知られ、『精神現象学』では次のように規定される。「意識がそれ自身に即して、すなわち自らの知に即しても自らの対象に即してもおこなうような弁証法的運動は、この運動から新たな真の対象が意識にとって発源する（entspringen）かぎり、これこそ本来経験と呼ばれるものである」（GW. IX, 60）。経験はこのように、自らの実在性のありかをめぐって一定の知から新たな知の形態へとたえず自己解体と構築を繰り返す自然的意識の生成的な営みとされ、ヘーゲル独自のコンテクストのなかで再構成されることになる。感性、悟性という知の様式はこの場合、意識の経験のなかで流動化されることになる。

経験を意識の弁証法的運動として捉える発想は、ヘーゲルの真理観に深く根ざしたものである。周知のように、「真なるものは全体である」（GW. IX, 19）と言われるとき、この〈真なる全体〉とは、「自己展開を通して自らを完成する実在」（ibid.）、すなわち、自らにとっての他在（das Anderssein）に直面し、自ら他在となり、他在を止揚し自己に還ってくる、というまったく主体的・精神的なダイナミズムをそなえた実体＝絶対的なものの運動そのものである。この場合、実体＝絶対的なものが他在との連関でたえずおこなう自己展開運動は、他在をそのうちで消尽してゆくようなものではない。それは一個の有機体の生命活動のように、区別された各々の部分の固有性を保持すると同時に、それらを相互に関係づけ、ひとつの全体を形成する運動である。有限な人間による

「意識の経験」は、この大きな有機的実体の自己同一化運動と重ね合わせられる（vgl. GW. IX, 29）。つまり意識が弁証法的運動をおこなうことは、意識が〈真なる全体〉としての絶対的なものを、自らとこの全体との何がしかの有機性を自覚することによって切り拓いてゆくということに通じているのである。

『精神現象学』では、この意識の弁証法的運動の終極が「絶対知」であるとされる。絶対知は、意識のそれまでの弁証法的なあゆみを「内化＝想起（Erinnerung）」し、本質的なものも非本質的なものも自らのうちで有機化するところの〈真なる全体〉＝絶対的なものを展望する知の境位である。ヘーゲルにおいて、思弁哲学はこの絶対知の段階にこそ成立する。「こうした〔絶対知の〕境位において自らを全体へと有機化するそれら〔精神の諸契機〕の運動が、論理学あるいは思弁哲学である」（GW. IX, 30）。

以上のような構想によってヘーゲルは、思弁と経験を区別と対立の相において捉える従来の伝統的な理解から踏み出て、両者を〈真なる全体〉の有機的運動のうちで流動化する。もちろん、ここで絶対的なものに関して二点留意が必要である。第一に、ヘーゲルの言う絶対的なものはいわゆる機械仕掛けの神《デウス・エクス・マキーナ》ではない。つまり絶対的なものは、知と存在とが織りなす現実の壮大な多様性に対し、圧倒的に疎遠なかたちで調和をもたらすものであるかのように措定されるわけではない。絶対的なものへの問いはそもそも有限なものの側から発せられるものであり、その絶対的なものとは有限なものの経験的知が営む弁証法的運動の総体を通じて展望されうる何かであるはずだからである。とはいえ翻って第二に、絶対知が直ちに絶対的なものそのものの境位なのでは必ずしもない。絶対的なものへの問いが生じる背景には、絶対的なものが有限なものにとってつねに深遠であるということが前提としてある。したがって絶対知の内実は、絶対的なものを把握しようとする、有限と無限の中間者としての人間の知であり、この知は絶対的なものを非完結的に構成してゆかざるをえない。

この二点を踏まえるなら、絶対知としての思弁は、絶対的なものと有限なものとのあいだに生じてくる近さと遠さを合わせもつような、いわば動的な距離感にもとづく思考なのだといえるだろう。それゆえにヘーゲルが強調するのは、絶対的なものが、通常おこなわれるような単一の命題形式によっては汲み尽くされず、命題そのものの弁証法的運動を意味する「思弁的命題」（GW. IX, 43, 45）によってこそ、その概念把握が果たされるのだという点である。つまり、有限なものは絶対的なものの把握を目指してさまざまな命題や理論を立てるが、絶対的なものが顕現するのは、完璧を期して定立された単一の命題が示す内容それ自体においてではなく、有限なものがその諸命題を「意識の経験」の弁証法的連関のもとに想起し、そこから何らかの「成果（Resultat）」（GW. IX, 19）を形成する地平においてである。「絶対的なものについて言われなければならないのは、「絶対的なものは本質的に成果である」、「絶対的なものは終わりにおいてはじめてそれが真理においてあるものである」ということである」（ibid.）。

しかしながらここで、思弁の位置についてあるひとつの問題が生じてくる。経験の境位は、自然的意識が、自己規定から媒介を経て自己否定にいたり、さらにこれを繰り返してゆくという弁証法的運動に没入している状態である。さらに思弁の境位は、この否定の継起のうちに何らかの肯定的な「成果」、すなわち有機的全体としての絶対的なものの顕現をそのつど何らかのかたちで「見る」ことである。たしかに、経験と思弁とが、主体と実体の同一性において連続可能であることは『精神現象学』からひとまず明らかになった。ただし、思弁の視野はつねに何らかの有限性を免れないため、ここに展望される絶対的なものはその全貌において一挙に顕現するというわけではなく、あくまでもひとつの外化である。そうであるなら、そもそも思弁の「視野」において、自らの思考の有限性はどのように了解され、顧みられるのだろうか。次節では『エンチュクロペディー』における「悟性―弁証法理性―思弁理性」の定式化に焦点をあて、この問題を検討する。

2 弁証法の成果と思弁の抽象性

従来は相対立するものと考えられていた思弁と経験との関係は、ヘーゲルのいわゆる実体＝主体説によって連続的な関係にまで展開された。とはいえ、あらゆる知の経験の充実を弁証法的運動性の論理のもとにいわば再構成し、絶対的なものの概念把握にまで導く、といった思弁哲学の概念構造は、ある種の批判を喚起せざるをえないだろう。思弁は、結局のところ独断論的思考に陥るのではないか、あるいは弁証法をその本性に反して閉塞的なものにしているのではないか――たとえばこういう趣旨の批判が、ヘーゲルの弁証法的思弁哲学に対して提起されてきたことはすでに周知のとおりである(3)。

こうした見方を招きうるひとつの要因は、ヘーゲル哲学において思弁と弁証法との関係が一見静態的に規定されていて、なおかつそうした規定の仕方がヘーゲル自身によっても表現上やむをえないとして容認されている点にあると考えられる。なるほど、『エンチュクロペディー』で述べられる「論理的なもの」の「三側面」および各々の規定は、以下に引用するかぎりでも明らかに形式的であり、それはヘーゲル自身断っているところでもある。

(α) 抽象的側面あるいは悟性的側面

(β) 弁証法的側面あるいは否定的に理性的な側面

（γ）　思弁的側面あるいは肯定的に理性的な側面　　（GW. XX, § 79）

（α）　悟性としての思考は、固定的な規定性と、この規定性の他の規定性に対する区別とにとどまっており、このような制限された抽象的なものが独立して存在するものとして妥当している。

（β）　弁証法的な契機は、そのような有限な諸規定の自己止揚であり、それら諸規定が対立した諸規定へ移行することである。

（γ）　思弁的なものないし肯定的に（*Positiv*）理性的なものは、対立にある諸規定の統一、すなわち、対立にある諸規定の解消と移行とのうちに含まれている肯定的なもの（das *Affirmative*）を把握する。

（GW. XX, §§ 80-82）

確かに形式的であるとはいえ、ここで解釈上顧慮すべき重要な点は、前節で「思弁的命題」の性質について見たように、ヘーゲルの命題が本来つねに静態的な解釈を拒むものだということである。じっさいに、右に示した論理的なものの「三側面（drei Seiten）」もまた、ヘーゲル自身が注意を促しているように、各々独立に妥当するような「三区分（drei Teile）」を意味するものではなく、またヒエラルキーをあらわすものでもない。三者をそのように静態的関係と見なしてしまうなら、思弁理性はあたかも悟性から解放され、弁証法的運動を一挙に押し止めて、絶対的なもののための観照に耽るかのような境地となりかねないだろう。

この三側面はむしろ、それ自体が広義における弁証法的連関をなすものと考えられなくてはならない。[4] ヘーゲルがここにあらわそうとしているのは、人間の認識能力の分析に尽きない。むしろ、人間の認識能力とその対象はいつも流動的・生成的であり、有機的全体を把握する可能性にむけて開かれているのだという確信であろう。そしてこの可能性はじっさいに、数学や幾何学などの理論的領域のみならず、人間関係、社会、国家、宗教などの実践的領域にわたって顕著にあらわれているとされる。たとえば具体的に言うなら、私たちは、他者との区別において自己の性別、性格、境遇、目的、職業などに多かれ少なかれ従わざるをえない側面をそなえている（α）。しかしこうした自己同一性が極端なこだわりとなるや否や、他者の立場、社会や共同体の慣習、規則などの普遍的状況に否定的なかたちで直面せざるをえないことになる。そこで実質的には、対立する普遍的状況に照らして当初の自己の立場を廃棄してゆかざるをえない（β）。とはいえこの状況が直ちに自己喪失や一切の虚無を意味するわけでないことは言うまでもない。自己が個人的状況から普遍的状況へと踏み出すとき、そこに展望されるのはむしろ、人間関係、社会、国家、宗教などの形態をとる全体と自己とがなす有機的連関であろう（γ）。こうして悟性は弁証法理性へ、弁証法理性は思弁理性へと「止揚」される。

さて、「論理的なもの」の「三側面」が弁証法的連関をなしていることを踏まえた上で、前節の終わりに述べた問題について検討したい。思弁理性は悟性を自らのうちに止揚しているが、これはもちろん思弁が悟性からまったく解放されて成り立つという意味ではない。『精神現象学』においても確認されたように、思弁はあくまでも有機的全体を担う絶対的なものを捉えようとする有限なものの眼差しであるから、有限なものが固有にもつ悟性の一面的思考を廃棄しようとするにもかかわらず、そこから完全には免れえない。だとすれば、思弁によってそのつど展望される「全体」とは、悟性的抽象の産物であるとは言えないだろうか。あるいは、ヘーゲルは思弁にともなうこの困難をどのように理解するのだろうか。

『エンチュクロペディー』においてヘーゲルは確かに、思弁に抽象性を認めている。以下は「（γ）思弁的なものあるいは肯定的に理性的なもの」に付された註解からの引用である。

この理性的なもの〔思弁的なもの〕は、思想であり、また抽象であるにもかかわらず、単純な、形式的な統一ではなくて区別された諸規定の統一であるから、同時に具体的なものでもある。

（GW. XX, § 82 Anm. 傍線は引用者による）

イェーナ時代初期から『精神現象学』にかけて克服すべき課題とされてきた思弁の抽象性は、『エンチュクロペディー』になると一見容認されているようにもとれる。じっさい一面的にはそう言えるであろう。しかし結論から先に言うと、この抽象性の逆説的な含意が、思弁の解釈上重要な問題となってくる。理解の鍵となるのは、もともと悟性の特徴として用いられる「抽象」という思考様式が、ここでは理性の特徴として扱われている点である。理性にとって抽象とはどのような含意をもつのだろうか。

抽象的なものの受けとめ方は、悟性による場合と理性による場合とでまったく別の様相を呈する。まず悟性的抽象であるが、これはとくに批判哲学や直接知に対する批判の文脈のなかで言われるように、有限なものと無限なものとのあいだに克服しがたい断絶を想定し、この対立構造を絶対化する思考とされる。批判哲学は現象と物自体を区別したし、ヤコービは、カテゴリーに制約された有限な知と、神への信仰としての直接知を区別した。これに対して、「理性的抽象」とも呼ぶべきものは、悟性的抽象をいわば反転させる。とくに『論理学』を参照すれば、「抽象は、通常称されているように空虚ではない。抽象は規定された概念であり、それは何らかの規定性を内容としてもっている」（GW. XII, 40）。つまり思弁理性の視野は、物自体であれ直接知であれそれらが対立項との関係性を捨象することによって際立たせられているにすぎないということを映し出し、抽象されるところのもの、つまり悟性の一面的・限定的規定と表裏一体をなす具体的な規定内容にまで及ぶ。ヘーゲルの理性はこのように、抽象的なものの内に具体的なものを看破する思考として規定されている。

『エンチュクロペディー』でヘーゲルが認める思弁理性の抽象性については、この「理性的抽象」の含意を踏まえた解釈が必要である。思弁が有限と無限のはざまの思考であることはこれまで述べてきた。そうであるかぎり、確かに、思弁が弁証法の成果として展望する有機的な全体のかたちは、悟性によってふたたび一面的なものに固定化されることもありうるだろう。たとえば、言語や命題形式に従事する悟性は、〈真なる全体〉の有機的運動性に一見反するかたちで、「絶対的なものは主観と客観の統一である」(GW. XX, §82 Z.) などといった命題を立ててしまう。しかし、ここには逆説的状況が形成される。思弁は理性を本分とするかぎり、悟性の命題表現それ自体にかかずらうのではなく、むしろこの命題が成果として定立されるにいたるまでの弁証法的運動を探り見ようとする。のみならず、〈真なる全体〉が単一の命題によってあらわされえない以上、この成果をさらに否定し、それをより高次の弁証法へと「投機(spekulieren)」する。(5)「見る」という思弁の原義を活かして言うならば、思弁とは、弁証法がその成果にいたる過程を成果のうちに見、なおかつさらなる弁証法の生起と成果を見すえてこれに自らを賭する、という理性の視座なのである。ここに、絶対的なものを有限なものに対してより具体的に、ただし非完結的に構成してゆくという思弁哲学の視野が明らかになる。――このとき、思弁の抽象的側面は、有機的全体としての絶対的なもの、およびその構成にともなう弁証法の移りゆきを開示し、それが動的な視野で把握されることを要求するものなのである。

以上の考察より、ヘーゲルにおいて従来の思弁哲学の困難は、「抽象性」の逆説的な含意から積極的に捉え直されていることが明らかになった。ヘーゲルにとって、思弁なき弁証法は、理屈の連鎖に絡まれた詭弁や相対主義、あるいは一切の否定を成果とする懐疑論になる。また弁証法なき思弁は、有限と無限のあいだに断絶や飛躍を認める独断論や神秘思想になる。これらはいずれも偽なのではないが、絶対的なものの学にとっては途上であり超克すべきものとなる。ヘーゲルの弁証法は「学問の進展を動かす魂」(GW. XX, § 81 Anm.) であるといわれるが、思弁はいわばこの魂の自律性を保持する役割を果たす思考だといえよう。しかしながら、ヘーゲルにより見直された思弁哲学の可能性は、哲学史的にさまざまな反動を喚び起こしてきた。その決定的な端緒は、中・後期シェリングのヘーゲル批判にあるといえる。ヘーゲルは有限なものの否定性を絶対的なものの生成プロセスの媒介契機と捉えた。しかしこれに対しシェリングは、有限なものの否定性のうちに、無の深淵に圧倒される「生の不安」を認めこれを重要視し、この不安を生きる「現実存在 (Existenz)」としての人間の把握に向けて「積極哲学」を構想した。それによれば、ヘーゲルの絶対的なものの学は、物事の本質にのみ向かう精神の「労働」を叙述する「消極哲学」にほかならず、労働にとって非本質的にみえるもの、すなわちコヘレトのようにそれでも「すべては空しい」という言葉を発しうる現実存在の絶望や不条理を置き去りにしてゆく(6)。こうした思弁批判も踏まえるなら、これまで見てきた思弁哲学の困難と可能性をめぐるヘーゲルの視点はどのように理解しうるだろうか。シェリングの現実存在の哲学は、思弁哲学の可能性と不可能性をめぐってふたたび新たな困難を突きつけている。次章でさらにこの問題について考察を深めてみたいと思う。

第十章　理性の思弁と脱自

――ヘーゲルとシェリングにおける理性の可能性に関する考察――

啓蒙思想への反省、カント哲学の批判的摂取を経てなお、ドイツ観念論の哲学では理性の無限の可能性が積極的に追究された。しかし理性概念そのものはその後現代にかけてさらなる批判的反省の歴史をたどり、「他者」に対するその支配性や一面性などが指摘され、否定的・消極的な含意をもつものへと変容しつつある。バウムガルトナーの言葉を借りれば、ドイツ観念論以後の理性批判において、理性概念は「脱実体化」、「脱ポテンツ化」、「機能化」の一途をたどる。(1) しかし非理性・反理性との対照により理性の有限性が際立たされた今日なお、哲学的理性の自己同一性の所在を見定めようとするならば、問題となるのは、理性とその他者とが織りなす関係のありようを包括的に把握する思考の可能性を、いかに具体的なかたちで切り拓くかではないだろうか。本章では、ヘーゲルとシェリングの後期哲学のうちにこうした問題関心を認め、理性の思弁と脱自という各々の構想を考察することを通じて、両者のうちに単に実体化されない理性の可能性を見定めたいと思う。

ところで、ヤスパースはすでに二〇世紀半ばに、理性とその他者（現実存在）との対話的・包括的理解を自身の哲学の核心テーマに据えていた。(2) 彼は『シェリング――偉大さと宿命』（一九五五年）において、後期シェリングが試みた「現実存在の哲学（Existentialphilosophie）」(3) のうちに「一瞬心を惹きつける」ものを認めつつも、その成果が理性と現実存在との相互規定的な関わりの可能性の問題を十分に追究しないまま「グノーシス的」、「呪術的」傾向に向かうとして批判し、自身の哲学の核心とは一線を画するという理解を示している。(4) ヤスパースにとり、シェリングは現実存在を理性の絶対的他者として定立した点では功績があるが、人間という有限な存在における両者の「交わり（Kommunikation）」の可能性に関してなお不十分な局面を残したままであったということになるだろう。

確かに、シェリングが現実存在と言うとき、それは人間というよりむしろ自然や神のそれを指しているため、ここに実存思想的な問題関心との親和性を直接読み込もうとすれば、Existenz の定義のレベルをはじめ諸々の点で矛盾や懸隔に直面することになるだろう。とはいえ、理性と非理性との対話的・包括的理解をめぐる問題に限って言えば、ドイツ観念論はその後期へと向かうにつれ、すでにこの問題にある程度自覚的に関わりつつあったといえる。その顕著な例はさしあたりとくにシェリングの後期哲学に見ることができる。シェリングは理性の他者の存在を、理性と同等の権利において主張している。ミュンヘン講義の『哲学的経験論の叙述』（一八三六年）でシェリングは、観念的原理の実在的原理に対する優位が、必然ではなく「単なる事実上のもの」（SW. X, 250）として成立しているにすぎないという点を指摘して、次のような問いを発する。「いったいなぜ理性が存在するのか、なぜ非理性は存在しないのか。（……）むしろ理性自身の現実存在こそは或る条件づけられたもの、積極的なものにほかならない。というのは、絶対的に言うならば、なぜその反対が同様に存在してはならないのか」（SW. X, 252）。このシェリングの問いはやがて、『啓示の哲学あるいは積極哲学の基礎づけへの序論』（一八四二／四三年、以下『啓示の哲学』と略記）における理性学（Vernunftwissenschaft）＝消極哲学と積極哲学との区別、つまりはアプリオリな学とアポステリオリな学との決然たる分離へと導かれてゆくことになる。とはいえ、シェリングの理性学批判は、必ずしも理性とその他者を分立することにとどまるものではない。後で見るように、『啓示の哲学』では、非理性すなわち現実存在に対する理性のいわばぎりぎりの関係性が、理性の脱自（Ekstase）ならびに理性の自己還帰という観点において保持されていると言えるのではないか。

ところで、このようにシェリングにおいて哲学的理性の役割が何であったのかを問う場合、ヘーゲル哲学との対決の内実に関する考察は不可欠となる。ヘーゲルは、絶対的他者を媒介として自己展開をおこなう絶対精神を把握する思弁理性を構想したが、ヘーゲルを最大の矛先とする理性学批判を通じて捉え直されたシェリングの理性概念は、ヘーゲルに対してどれほどの固有性を保ちうるのだろうか。また逆に、シェリングの批判はヘーゲルの理性概念にどのように還元されうるのだろうか。本章では、ヘーゲルと後期シェリングにおいてそれぞれ取り組まれた理性の限界と可能性をめぐる問題に注目し、両者の接点と差異を踏まえながら、この問題を理性とその他者との相互規定的な関係性から究明することを試みる。(5) それこそはドイツ観念論後期に際立ってくる大きなテーマだからである。

1　思弁の抽象性と具体性

前章では、『エンチュクロペディー』の「論理的なものの三側面」の読解を通じて、思弁という理性の思考様式が悟性の抽象的普遍性とどのように区別されうるのか、より厳密に言い換えるなら、思弁はどのように悟性的な抽象性を克服し、その上で自らを理性的な具体性へともたらすのかという問題について考察した。悟性的抽象とは、批判哲学や直接知に対する批判の文脈のなかでも言われるように、現象と物自体、カテゴリーに制約された知と信仰知という仕方で、有限なものと無限なものとのあいだに対立を見いだしそれを絶対化する思考である。

これに対し、理性的抽象は悟性的抽象をいわば反転させる。つまり理性的思考は、悟性による対立の絶対化において捨象された対立項の本来的な意味での相互規定的関係、すなわち抽象されるものの内容にまで及ぶ。抽象性と具体性を同時にともなう思弁の境位についての言及は、ローゼンクランツが一部を伝え大全集版にも補足として収録されたイェーナ時代の「思弁哲学」に関する講義に見いだされる。後期シェリングとのコントラストをより際立たせる叙述として引いておきたい。

ようやく学問に到達した意識が、明らかになる学問の内容を、すなわち存在、非存在、統一などを、あたかも内容のこれら本質的な諸形式が空虚で無内容であるかのように、またあたかもこれらでもって疎遠な実在が、すなわちこの生きた自己意識とは何の関係もない実在が指示されているかのように不満とするならば、学問によって教養形成されて世界経験から学問に還帰した意識がかの見解と区別されるのは、この意識が知であるということによってである。つまりこの意識があの諸々の抽象態においてそれらの普遍性という意味をもつのであって、それら抽象態があたかも実在性から身を引き、実在性から遠ざかり、自らの営みにいそしむというような意味で意識にとって抽象的な諸契機であるのではないということ、むしろそれら抽象態が普遍的な本質であり、そのうちでは実在性が廃棄されているがゆえにまさに保存されているということ、またさらに意識がこれら本質とその進行およびその全体とを概念把握し、言い換えれば意識の自己を直接にそれらのうちにもち、それらのうちに住まっているということ、以上のことによって区別されるのである。

(GW. V, 474)

「具体的普遍」というヘーゲル固有の表現こそまだ使われていないが、ここで言われる「普遍性」や「普遍的な本質」もまた同様に、経験を通じて個別的・実在的契機と自らとを有機的に関係づける知のありようを意味していることは明らかである。しかし注意しなければならないのは、そのような知が、なおもその内容において「抽象形態」を保持しているという点である。思弁は、意識の世界経験の具体的全体を開き見る知でありながら、それ自体として抽象的性格をともなっている。思弁が抽象的なものと具体的なものの両方に関わる知であるというこの内容は、矛盾を意味するのではない。むしろ両者のあいだに生じるダイナミズムを把握することこそが思弁の特質であるということを含意しているのである。spekulieren という理性の作用はたしかに、「見る」というこの語の原義からしても、実質的な経験そのものとは距離を隔てた純粋な思考の域にあるものといえる。しかし前章の『エンチュクロペディー』の考察でも見たように、ヘーゲルは思弁のこうした一面に留意する一方、思弁の視野に映るもの、すなわち見られるところのもの、「投機」されるところのものに、弁証法的経験そのものが動的なままに媒介されているという点に思弁の具体的側面を見いだそうとするのである。しかしながら、このようにして思弁理性のうちに抽象的なものと具体的なものの積極的な関係の可能性を開こうとする試みこそが、後期シェリングによって根本から疑問に付されることとなった。

真理に対する従来の哲学的態度について、ヘーゲルはさまざまに批判を加えているが、なかでも真っ先に忌避されるのが不可知論的態度である。『エンチュクロペディー』「予備概念」序盤の補遺として残された部分でヘーゲルは、真理を前にして人間の有限さや無力さを強調し、卑下や謙譲の態度をとることが、かえって真理に対する「自惚れ」につながると指摘する。ヘーゲルによれば、イエスに向かって「真理とは何なのか」と問い放ったピラト、「すべては虚しい（Alles ist eitel.）」と言ったソロモン（コヘレト）の態度は、有限と無限のはざまにあって担われるべき精神の労苦を放棄してなお真理を求めようとする点で「真理に対する上品ぶり（Vornehmheit）」、「主観的な虚しさ／自惚れ（Eitelkeit）」にほかならない（GW. XX, § 19Z.1）[(6)]。

ヘーゲルのこうした否定的見解が、ヘーゲル亡き後に講じられたシェリングの見解と顕著な対照をなすことになる。『啓示の哲学』においてシェリングはかの有名な〈無への問い〉を導く手前で、おそらくはヘーゲル哲学を念頭におきつつ、自然的・歴史的世界を前にした人間の学知の有限性を説く。「私たちの自己意識は、けっしてすべてを通過したあの自然の意識ではなく、それはまさに私たちの意識にすぎず、けっしてすべての生成の学問を内に含んではいない」（SW. XIII, 6）。そしてまさしくヘーゲルとは対照的なかたちで次のような憂いに満ちた言葉が述べられる。

古の書物が語るように、太陽のもとにあるすべてのものはまったき努力であり労働であるが、それにもかかわらず人は、或るもの、つまり人がそこに立ち止まりうるであろう或るものが真に促進され達成される、ということを理解しない。（……）私たちがいたずらにあてにしているのは、何か新たなものが生じ、この新たなものにおいて、この不安が最終的に目標を見いだすことである。

（SW. XIII, 7）

この言葉には、ヘーゲルが展開した人間精神の弁証法的特質に対する不信の念が示唆されている。後期シェリングが定位するのは、理性に貫かれた精神の労働・労苦が、その過程で自らの背後に追いやり歪めてきた存在である。シェリングはここで、王として栄え、知恵を深めるために労苦のかぎりを尽くした者がなおも吐露する虚しさに重ね合わせて、非理性的なものを凌駕し無限の自己展開と自己保持を遂げてゆく理性によっては充足されえない領域の存在を説こうとしている。ヘーゲルにあって理性は真なるものの概念把握に向けて弁証法的運動という精神の労苦を引き受けなければならないと考えられたが、そもそも自然的世界や歴史的世界に起こる生成や創造は、精神の前進的な自己展開として理性によりあまねく顕在化されうるものなのだろうかと、シェリングはヘーゲル的理性の可能性そのものに対し疑念を投じるのである。

2　理性の脱自――シェリング『啓示の哲学』における理性の限界と可能性

シェリングの理性概念は各時期によって変化する。おおよその徴表だが、まず同一哲学期の『私の哲学体系の叙述』（一八〇一年）では、理性は主観と客観との無差別であり絶対的同一性であるとされ、それゆえまた理性の外には何ものも存在せず、一切が理性の内に存在するということが説かれた。この考えから、「哲学の立場は理性の立場である」という表明もなされている（SW. IV, 115）。続いていわゆる『自由論』（一八〇九年）では、理性と、感情や悟性といった他の認識様式との連関が次のようにさらに具体化される。「そのうちで理性が自己自身を本当に認識しているような体系は、精神と心情のすべての要求を、また最も人倫的な感情と最も厳密な悟性のすべての要求を、統合しなければならないであろう」（SW. VII, 413）。ところが後期にいたると、シェリングはそれまでの自らの理性観を修正し、理性主義的立場の徹底批判に向かう。シェリングの提唱する積極哲学は、理性学＝消極哲学の限界づけなしにはありえず、そこで理性は、積極哲学固有の意味での「経験の事柄」に対し圧倒的に無力なものとして捉え直されることになる。

本節では、理性学批判と積極哲学への導入について詳細な叙述がなされる『啓示の哲学』第一書を主に取り上げ、シェリングの理性学解釈とその克服の意図を検討し、積極哲学の方法が、批判の最大の矛先とも言うべきヘーゲル的理性との関係においてどのような固有性を保持しうるのかという点について考察をおこないたい。

『啓示の哲学』第一書では、主にカント、フィヒテ、ヘーゲルの哲学との関係からみたシェリング自らの積極哲学の位置が規定されている。シェリングによれば、次に示すような『純粋理性批判』の帰結が、フィヒテやヘーゲルによる消極哲学の方向性を導いた。すなわち、カントは三種のアプリオリなもの――「（a）感性的直観というアプリオリなもの――空間と時間、（b）純粋悟性概念というアプリオリなもの、（c）カントが狭い意味でとくに理性概念ないし理念と名づけた諸概念というアプリオリなもの」（SW. XIII, 55）を示したが、そこにはすでに、これらすべてに共通の〈先立つもの（Prius）〉である高次の「絶対的理性」が存在していた。そしてフィヒテがその絶対的理性のありかを要請し、あらゆる存在をアプリオリに認識する絶対的自我の原理にたどり着いた。後期シェリングはここに、「もはや哲学者ではなく理性自身が理性を認識するような無制約的な理性学」（SW. XIII, 57）の成立をみる。

そのようなアプリオリな認識を究明しようとする哲学の内実について、シェリングは周知のように、それが存在するものの何（was/quid）であるか＝〈本質〉の概念把握に終始し、存在するものの存在すること（daß/quod）＝〈現実存在〉の証明（Beweis, Erweis）にはいたらないという限界点を指摘する。理性が認識源泉としての自らに追従しているかぎり、私が事物を認識しようとする場合に生じている事態とは、「私が事物を理解すること、私が事物についての理解あるいは概念をもつこと、あるいは私が事物そのものを概念においてもつこと」（SW. XIII, 58）といった、事物の本質への洞察にほかならないのだという。

こうした発想はヘーゲル批判にも適用される。もっともこのとき、『精神現象学』以来ヘーゲル哲学の核心に弁証法的運動という知の「経験」的な捉え方があることを踏まえると、シェリングの理性学＝アプリオリな学への批判内容がヘーゲルにどういうかたちで適用可能なのかという疑問が生じてくる。けれどもこの点に関してシェリングは、思考および概念と存在との一致というヘーゲルの観点を取り上げることによって答える。すなわち、理性学はこの一致において、経験を完全に閉め出すのではなく、たしかに必要としてはいるが、その場合の経験はただ、理性学の内容がキマイラではないことの「検査（Controle）」をするための「随行者（Begleiterin）」にすぎないのだという（SW. XIII, 61f.）。理性は、経験にともなう論理的必然性には耳を傾けるが、そもそもこの経験の源泉となる偶然的な事柄の世界が現実に存在していることを証明するまでにはいたらないということになる。このようにシェリングは、理性の働きと経験の広がりとをはっきりと区別し、経験に、現実存在の把握という独自の意味を与えようとする。「現実」ということであれば、確かにヘーゲルも『法哲学』および『エンチュクロペディー』において、「理性的なものは現実的であり、現実的なものは理性的である」（Sk. VII, 24; GW. XX, §6 Anm.）という有名なテーゼを立てている。しかし、自覚する理性と存在する理性（現実）との合一に向けて立てられたこのテーゼもまた、シェリングにより次のような問題点を指摘されるところとなる。「理性は、内容に応じて、経験のなかで起こるものすべてを与え、理性は現実的なもの（das Wirkliche）を把握するが、しかしだからといって現実性（Wirklichkeit）を把握するものではない」（SW. XIII, 61）。つまり理性学における理性の関心は、現実性の特性をなす内容にすぎない「現実的なもの」にあるのであって、それが現実存在するということを経験的に証明することにはないのだという。

概念すなわち〈何〉によるのではなく、〈こと〉としてある現実存在を定立するために、積極哲学が要求するのは、理性が「自らの外に」出る、つまり「絶対的に脱自的（ekstatisch）」になるという意味で、自らを喪失しなければならないということである。これは次のように説明される。

純然と存在するもの（das bloß Seyende）は、そこにおいてむしろすべての理念、すなわちすべてのポテンツが閉め出されるような存在である。したがって私たちは純然と存在するものをただ転倒した理念とだけ名づけることができるであろう。その理念において理性は自らの外に定立される。理性は、概念によるものが、すなわち何（Was）によるものがそのうちではまだ何もないような存在するものを、ただ絶対的な自らの外（ein absolutes Außer-sich）としてしか定立しえない（それはもちろんただ、絶対的な自らの外を、あとから、すなわちアポステリオリに、ふたたび〔理性〕自らの内容として獲得し、かくして同時にそれ自身自らのうちに還帰するためにである）。それゆえ理性はこの定立において自らの外に、すなわち絶対的に脱自的に定立される」。

（SW. XIII, 162-163）

〈理性の脱自〉の含意を理解する上でひとつの焦点となるのは、この文面の括弧づけの付言に見られるように、シェリングが脱自ということで、理性が自らの外に定立されるといったひとつの方向だけでなく、ふたたび理性が自己還帰に向かうという方向もまた同時に考えているということである。ただしこれは、積極哲学の対象である「純然と存在するもの」すなわち現実存在が、結局は理性によって理性の手中に収まってしまうという意味ではない。シェリングにとってそれでは消極哲学の域を出ていないことになるだろう。現実存在は理性によって「絶対的な自らの外」としてしか定立されえないのである。とはいえ、理性批判という面からすれば、積極哲学の意義は、単に理性と現実存在とのこのような隔絶を示すことのみにあるのではない。積極哲学は〈理性がアプリオリに概念把握しえない存在がある〉という事態を理性に突きつけ、理性が自らの外なる他者を知りうるのはただ「あとから」、「アポステリオリに」のみであることを明らかにする。(7)

自らの概念把握によっては知りえない存在を、自らの脱自態からの「還帰」によって知るという理性のこうした知の方法は、まさしくソクラテスのいう無知の知という境地と重ね合わせられる。脱自と無知の知との親和的な関係についてはすでに一八二一年のエアランゲン講義『学問としての哲学の本性について』で言及されていたが、(8)これは『啓示の哲学』においても消極哲学と積極哲学との区別に即していっそう明確に論じられることになる。ソクラテスの無知の知の立場についてシェリングは次のような理解を示す。

ソクラテス的無知(Nichtwissen)には偉大な、そのうえ卓越した知が先行しなければならない。その知については、それはいかなる知でもないのだと、あるいはそれゆえ何も知られていないのだと言う価値がある。無知は知ある無知(docta ignorantia)でなければならないし、すでにパスカルが言い表しているように学識ある無知(ignorance savante)でなければならない。(SW. XIII, 98)

したがってこうしたソクラテス的な無知の知の立場からすれば、エレア派のようにアプリオリな論理的知を「知ある知(wissendes Wissen)」にしようとする理性学の努力はかえって「無知な知(nichtwissendes Wissen)」に陥っていることになる(SW. XIII, 99、傍点引用者)。これに対し、ソクラテス的無知の知、および理性の脱自の真意とは、「知るべきものの横溢(Überschwenglichkeit)ゆえに無知でありうる」(ibid.)ということにあるのである。

さて、シェリングの積極哲学ではこのように理性の脱自＝無知の知から出発することが要求され、それにともない理性に対しては、思考と存在、本質と現実存在の一致を前提とすることで、思考に先立つ存在を思考によってアプリオリに把握しようと腐心することではなく、現実としてあるこの存在をアポステリオリに自らの内容として把握しようとする知という本来的な領分が与えられることになった。シェリングは、非理性主義的と呼ぶほどには哲学的理性の所在を見失っているわけではない。積極哲学の果たす役割をシェリングは次のように強調してもいる。「積極哲学は、消極哲学において屈服させられていた理性をふたたび立ち上がらせるものである」（SW. XIII, 153）。ヘーゲルにおける理性の思弁が、知であっても、弁証法的にさらなる無知の到来をそのうちに含んだ知である一方、シェリングにおける理性の脱自は、無知であっても、理論による無知から脱自的経験による知の可能性を導く無知である。広い意味ではここに、理性のおこなう知と無知の、あるいは抽象的知と具体的知の弁証法ともいうべきものが、ヘーゲルとシェリングの共通項として浮かび上がってくるようにも思われる。しかしながら両者の立場はやはり、知に定位するか無知に定位するかという点で根本的な差異を示しているといえるだろう。

3　接点と差異、および対話的理解の可能性

以上、ヘーゲルと後期シェリングの哲学それぞれに即して、ドイツ観念論後期に際立つ理性の限界と可能性をめぐる思想を考察してきた。ヘーゲルは、理性に思考の抽象性がともなうという一定の限界を認めた上で、抽象的なものと表裏一体をなす具体的な規定内容を開示するところにまで思弁の視野を拡げることから、理性の可能

性を開こうとした。シェリングの積極哲学は、理性によっては捉えきれない偶然性を秘めた現実世界が存在する〈こと〉から出発し、理性は脱自態に直面しそこから自己還帰を経てアポステリオリな仕方ではじめて、自らの内容に現実性を吹き込む可能性を得るのだとした。両者のあいだに存しているのは、理性主義か非理性主義かといった単純な対決図式より以前に、哲学は理性とその他者との関係のうちにどのような生成を捉えることができるのか、という問題への共通の取り組みであり、それにより理性の可能性を具体化する試みであるといえるだろう。

とはいえ、両哲学の根本的な差異も同時に明らかにしておかなくてはならない。ヘーゲルとシェリングとでは、理性にとっての現実的なものないし現実存在として想定されたものの内容がまったく異なる。ヘーゲルの場合、現実世界にはすでに理性的なものが働いている。〈理性的なもの＝現実的なもの〉というテーゼは、先のシェリングの批判によれば、アプリオリに決定された自らの内容を経験的事柄や現実性に対して適用させようとする理性の特徴を表していた。しかしヘーゲルにおける理性的なものとは、現実および経験に先立ってアプリオリに獲得されるものではなく、そのただなかで生みだされ、自覚されてゆくもののはずである。ヘーゲルは哲学の内容を次のように規定している。「哲学が理解していなければならないのは、哲学の内容が、生きた精神の領域のなかで根源的に生みだされ、また生みだされつつある内容、つまり世界すなわち意識の外的および内的世界へと作りだされた内実にほかならないということ――哲学の内容が現実であるということである。この内容に最も近い意識を私たちは経験と名づける」（GW. XX, § 6）。このようにヘーゲルにあって、現実的なものとは、生成する私たちの精神の領域の内容にほかならない。

しかしこれに対しシェリングの『啓示の哲学』の関心は、そのような人間精神の生成としての現実をはるかに越え出て、神の現実存在の把握に向けられている。シェリングは啓示の哲学を「積極哲学そのものの適用」（SW. XIII, 174）とした上で、従来の啓示概念を積極哲学の視点から捉え直そうと試みる。それによると従来の啓示概念は、啓示宗教から「人間精神のあらゆる高次の表出、あらゆる英雄的所業、人間の認識のあらゆる新たな拡張」（SW. XIII, 188）を導き出そうとする点で「消極的な」啓示の哲学である。だが、「理性的な人間が世界史の英雄なのではない」（SW. XIII, 143）。シェリングの啓示概念は、自らを啓示する神に「根源的な隠蔽性」（SW. XIII, 187）があるという逆説的事実、つまり人間と神との圧倒的な根源的差異性を前提とする。このとき啓示は、理性を越えた内容をもつという積極哲学的な意味で「実在性であり現実的に事実的なものである」（SW. XIII, 143）のだという。そして啓示が歴史的に洞察されてはじめて、単なる人間の歴史ではなく「創造そのものを初めから把握するあの偉大な普遍的歴史」（SW. XIII, 197）が姿を現すというのである。啓示理解という同じ側面からなお比較してみると、ヘーゲルにおいて啓示は、そうした神の超越性を表すものではなく、絶対精神の自己顕示という対自的な働きにほかならない。「知は実体を精神たらしめる原理であり、対自的に存在する無限な形式として、自己を規定するものであるため、この知は端的に顕示することである」（GW. XX, § 564）。ヘーゲルが目指すのは、神の自己知、神についての人間の知、神における人間の自己知が有機的に結びついているような「精神としての神」の概念把握なのである（GW. XX, § 564 Anm.）。こうした啓示理解の違いは、精神の内容をめぐるシェリングとヘーゲルの立場の違いをも表しているように思われる。

ヘーゲルはもはや後期シェリングによる自らへの批判に対して答えるすべをもたなかったが、これまで見てきたシェリングのヘーゲル批判を踏まえ、最後に両者の対話的理解の可能性についていくつかの展望を示しておきたい。先に述べたようにヘーゲルにおける理性がもとより知の弁証法的経験というアポステリオリな側面をそなえているという点では、積極哲学の理性概念はヘーゲルと視点を共有しているといえる。他方で、現実世界の多様に対して外部から必然性の威力を行使するかのようにヘーゲルの理性を理解し、それに対して現実存在の実在性や偶然性を守ろうとするシェリングの批判が真に妥当性を得るためには、ヘーゲルの絶対的観念論の企てそれ自体にまで踏み込んだ批判的考察が必要となるだろう。(9) ヘーゲルにおける本質と現実存在の一致、そして必然性と偶然性の統一は、従来両項が区別と対立の相において捉えられ、それゆえ各々が有限なあり方をしてきたことへの批判をすでに含んでいる。両項にともに固有の自由な領分を与えるという意味で合一をなすのが絶対的観念論の立場なのであり、対立する諸規定を有機的関係において捉え、積極的＝肯定的な成果をもたらすという思弁理性の役割は、まさしくこの次元でこそ果たされているのである。

このような理解を踏まえるならば、理性対非理性という構図のなかで「理性」を捉えるヘーゲル以後の諸々の試みも、ヘーゲルの思弁理性に対比することではじめてそれぞれの意義と原型が見定められるように思われるのである。

第十一章　ヘーゲルの思弁哲学における命題・叙述・言語

1　ヘーゲル哲学の言語をめぐって

ある哲学の内容と、それを語るさいに用いられる言語や叙述形式とのあいだに何らかの本質的な結びつきがあることはおよそ確かなことであろう。他方で、思考と言語とのあいだに生じうる矛盾ないし限界もまた、ヘラクレイトスにまで遡って見ることのできる哲学の根本問題としてある。哲学的真理が語られるさいにおそらくはつねに生じるこうした緊張状態は、哲学の内容や形式そのものとどのように本質的に関わりうるのだろうか。本章では、思弁的なものを語るさいに生じるある種の解釈学的広がりとその可能性について、ヘーゲルの「思弁的命題」、「思弁的叙述」、そして言語の概念に注目しながら考察してみたいと思う。

ヘーゲルの思弁的な体系とその叙述形式の関係を探ろうとするとき、これまで幾人かの論者が指摘してきたのと同様に、さしあたり私たちは両者のあいだに一種の困難ないし葛藤状態を認めるところから出発せざるをえない。たとえば、アレクサンドル・コイレは「ヘーゲルの言語と用語法についての覚書」（一九三一年）のなかで、テオドール・ヘーリングなど当時のドイツのヘーゲル研究者のあいだでも苦慮されていたヘーゲルの言語の「理解不可能性（incompréhensibilité）」に言及し、この困難を「体系それ自体によって予見（prévoir）されていたもの」と見なした。(1) アドルノもまた、ヘラクレイトスに冠せられた「暗い人」の呼び名をヘーゲルにも与え、ヘーゲル哲学の言語の「不明瞭さ」を体系の弁証法的な表現形式にとって必然的かつ不可避なものと見なしている。「〔ヘーゲルの形式においては〕孤立して理解されうるものは何ひとつなく、一切が全体のうちでのみ理解されうるのだが、あいにく全体は自らの生をふたたび単独の諸契機のうちにのみもっている。しかし弁証法のこうした二重性は本来、文章的な叙述をすり抜けるものである。(……)文章的叙述は全体とその諸部分の統一を一挙に成し遂げることが原理的にできないのであるが、これがヘーゲルの叙述の弱点になる」。(2) この「理解不可能性」や「不明瞭さ」という言葉が、単にヘーゲルの言語使用の不適切さを非難するだけの素朴な意味で用いられているわけではないことは明白である。むしろここで吐露されているのは――アドルノがより明確に表しているように――全体と部分の解釈学的循環に直面する読解者の困惑である。

ところで、ヘーゲル哲学が探究する思弁的な全体と、それを語る言語の限界とのあいだで生じるこうした一種の読解困難な状況については、ヘーゲル自身も『精神現象学』序文のなかで率直に論及していた。ただし、後の時代の論者たちがそうした状況に対して肯定的にせよ否定的にせよ躊躇いの念を表しているのに比べ、ヘーゲルはむしろ確信をともなった論調で、この困難を自らの哲学の否定的契機と見なしている。ヘーゲルはそこで「哲学的著作のわかりにくさ(Unverständlichkeit)に対する非難」について取り上げ、こうした非難が生じる要因を、思弁的な全体を言明する「哲学的命題」あるいは「思弁的命題(der spekulative Satz)」に対して文字通り悟性的に(verständlich)しか臨むことができない「知の通常の態度」(GW. IX, 44)の限界のうちに認めている。詳しくは本論で述べるが、あらかじめ形式的に言えば、ヘーゲルの「思弁的命題」は、命題の主語と述語がたえず展開する弁証法的運動そのものを表し、思弁的真理とはこのいわば動的な命題を通じて展望される全体である。したがって、命題の主語‐述語関係を実体‐属性関係として静態的に捉える通常の仕方でヘーゲルの「思弁的命題」を読み取ろうとすると、その流動的な内容は悟性的知の側にとってさしあたり「妨げ」(ibid.)となる。一義的な命題形式によっては表せない概念の律動を把握しうる思考様式へと超え出ることなく、知が単に「妨げ」という否定的状況にとどまるかぎりにおいて、哲学の「わかりにくさ」は際立つというのである。

ヘーゲルは思弁的真理に対して命題や言語そのものが根本的に無力であると言っているわけではない。批判されているのはあくまでも、そうした表象に対する知の側の非思弁的な態度である。ロマン主義や直接知の立場のように、ロゴスを超えた次元に真理を想定する不可知論的態度はヘーゲルにおいて基本的に斥けられる。しかし他方でまた、「知の通常の態度」が前提としている、言語と真理の明確で厳密な対応関係への確信も、ヘーゲルは共有していない。それならば、ヘーゲルは思弁的なものをどのように語ることが可能だと考えていたのだろうか。以下では、ここに生じている言語と思弁的なものとの緊張関係について具体的に考察していきたい。

2　思弁的命題

『精神現象学』の序文に登場する「思弁的命題」というヘーゲル独自の用語と発想は、一八〇二年の「懐疑論論文」で言及された「理性的命題(vernünftiger Satz)」(GW. IV, 208)にその原型を見ることができるだろう。「理性的命題」とは、端的に言えば、矛盾しあう二つの言説、すなわちアンチノミーを自らのうちに含んでいる命題であり、「悟性的命題(verständiger Satz)」とは区別される。ヘーゲルは例としてスピノザの命題「神は世界の内在的原因であって超越的原因ではない」、「神は一者である」等を挙げ、これらの命題で直接言表された内容の根底には、原因と結果や一と多のアンチノミーが存していることを見て取っている。「懐疑論論文」のヘーゲルは、反省を欠いた肯定的側面しかもたない独断論と否定の連鎖に陥る懐疑論を止揚し、否定性や矛盾を自らの契機として有機化した上で肯定的な理念を切り拓く「真の哲学」を構想していた。「理性的命題」は、そうした哲学の思考方法ないし洞察範囲を説明するものとして導入されたのである。『精神現象学』ではさらに、この矛盾や否定性の概念が〈精神の自己知〉の発展プロセスを導くより核心的な動因として捉えられ、「思弁的命題」はヘーゲル哲学独自の叙述方法としていっそう大きな意味を担ってゆくことになる。ここではとくに〈精神の自己知〉との関係から「思弁的命題」の要点をおさえようと思う。

生きた有機体である「真なる全体」の概念を、そのダイナミズムを損なうことなく動的なままに捉えるのがヘーゲル哲学の根本的な目標であり、そのような概念の運動を探究しうる動的な思考が弁証法である。そのさい弁証法的思考は、「有機的全体の律動（Rythmen）」（GW. IX, 40）、「概念に内在する律動」（GW. IX, 41）を注意深く聴き取る理性として機能する。では、この弁証法的思考は、目下問題となっている命題に対してどのように適用されうるのだろうか。さしあたりこれは「形式的思考」と「質料的思考」との対比を通じて際立たされる。前者に関してヘーゲルの念頭に置かれているのは、主としてフィヒテの自我論であろう。自我の根本命題から出発して生起的に論弁（räsonnieren）をおこなう形式的思考は、把握された現実的内容に対して単に否定的にふるまうことしかできない「静的な主体／主語」（GW. IX, 42）である。このような主体／主語は、内容に対して非現実的な状態のまま、つねに「空虚な自我への反省」（ibid.）をくり返す。反対に、質料的思考は、「素材のうちにただ沈潜しているだけの偶然的な意識であり、この意識にとって、素材から同時に自らの自己を純粋に際立たせて自らのもとにあることは、つらく骨の折れることである」（GW. IX, 41）。質料的思考において、主体／主語は思考対象の内容そのものにいわば絡めとられ、概念の律動を聴き取ることができるだけの能動性を保つことが困難になる。ヘーゲルによれば、どちらの思考が主体／主語となっても概念の律動を把握し「思弁的命題」を展開することはできない。

ヘーゲルは、命題ないし判断において生じている〈二重化された主体／主語〉の動きをたどることに概念的思考の核心を見いだしている。起点となるある通常の命題においては、さしあたり（第一の）主語が「対象的で固定的な自己」（GW. IX, 43）としてあり、そして必然的に自らの規定である述語へと移行する。そのさい、主語を述語に結びつけている「第二の主語／主体」（ibid.）すなわち「知る自我自身」（ibid.）が登場している。ここでヘーゲルがとりわけ重要視するのは、この超越論的な主体が、ただ単にそこに現前しているだけではなく、いかに概念の生成の内実を見定めうる動的な主語となりうるか、という点である。これは次のような構造によって説明される。すなわち、第二の主語／主体は、第一の主語が述語のうちに自らの実体ないし本質を見出し、かえって述語の「魂」となっていることを知る。ただし、ここで第二の主語／主体が、述語である実体の側に立って第一の主語を規定するといった論弁的思考をおこなうことがあってはならない。「第二の主語は、なおも内容の自己と関わるべきであり、それだけで独立にあるべきではなく、この内容の自己とともにあるべきである」（ibid.）。概念的思考は、内容から自由ではあっても空虚で形式的な自己となるのではなく、内容に自己をゆだねるのでなければならない。ここに、根本命題にもとづいてさまざまな事象を論弁する哲学と、ヘーゲルの思弁哲学との違いは際立たされる。ここで第二の主語／主体が「内容の自己とともにある」とは、とくに『精神現象学』で展開されるさまざまなエレメントを介した精神の自己知のあり方にほかならないと言える。

以上の説明の上で、ヘーゲルは、このようにある命題のうちに主語と述語の弁証法的運動を捉えてゆくという概念的思考独特の内容を踏まえ、この思考にとっての真理の命題を「思弁的命題」と呼ぶ。通常の命題との対比で言うと、「主語と述語の区別を含んでいる判断ないし命題一般の本性は、思弁的命題によって破壊される」（GW. IX, 43）。

『精神現象学』序文では、思弁的命題を説明する例として、「神は存在である」、「現実的なものは普遍的なものである」という命題が簡単に挙げられている。端的に言うなら、「神は存在である」という命題の場合、概念的思考が捉えるのはまず、述語である「存在」が主語である「神」の偶有性ではなく実体であり本質となっていることであり、その意味で主語が述語へと移行し「失われて」（GW. IX, 44）いることである。しかしこのように主語が実体としての述語によって絡めとられていることから、実体である「存在」が問題になるとしても、概念的思考は形式的思考とは違って、「存在とは何か」に答える根本命題を立てることはしない。概念的思考はあくまでも「内容のうちになお深く沈み込んでいる」（ibid.）。つまり、最初の主語が述語に絡めとられていようとも、そうした状態の内側から、「神は存在である」ということで何が言われているのかを探ろうとするのである。したがってそうした理解によるならば、思弁的命題とは、ここに際立ってくる概念的思考という第二の主語と、ある命題における第一の主語‐述語の関係性とが形づくっている全体であるという風に言うことができるのではないだろうか。そしてこの全体を表しているのが『精神現象学』であると言えるだろう。

とはいえ、当然のことながら、ヘーゲルが思弁的命題について論じた以上の内容をもって、思弁的なものを「語り」、「叙述する」哲学の言葉だと性急に結論づけるわけにはいかない。思弁的命題の説明の直後にヘーゲルは、「命題は真なるものが何であるのかを言表するべきである」（GW. IX, 45）と述べている。『精神現象学』序文で述べられた思弁的命題の以上の含意は、絶対的反省の立場にもとづくひとつの形式的な規定であって、それを説明しただけではまだ真理の言表としての命題の基本的な機能を果たしていないことは明らかである。思弁的なものを表す言葉は、思弁的命題によって〈何か〉が言表されることによってはじめて聴き取ることができるだろう。

3 思弁的叙述

哲学一般の叙述に関するヘーゲルの見解は、さしあたり一八〇二年の論文「哲学的批判一般の本質」に見ることができる。本書第三章で見たように、この論文のなかでヘーゲルは哲学の公教性（Exoterik）と秘教性（Esoterik）というアリストテレス以来の伝統的な図式に触れ、一七七〇年代以降の後期啓蒙思想における哲学の公教性の捉え方、すなわち手段ではなく目的化された哲学の「わかりやすさ／悟性性」について批判した。これに対してヘーゲルが要求するのは教養論的な公教性の形式である。すなわち、哲学的理念は一般人間悟性（常識）にとってつねに秘教的な面をもちつづけながらも、悟性が自らの限界を脱却してそれへと高まる可能性も同時にそなえていなければならない。イェーナ時代初期のこうした観点はより具体的な方法論として『精神現象学』に引き継がれる。序文では、哲学が知的直観の「秘教的所有物」（GW. IX, 15）であるべきではなく、「一般的なわかりやすさ／悟性性」（ibid.）をその導入的側面としてそなえた「公教的」（ibid.）なものでなければならないということが明確に説かれている。さらに悟性の要求が学（哲学）へと高まる一般的な意識に不可欠の契機として積極的に捉え直されたことは、本書第三章で考察したとおりである（本書五五頁参照）。

発展史的に見れば、悟性から理性への自己超出という知の弁証法的な捉え方は、一八〇一年の『差異論文』の時点でカント的二元論を克服する方途としてすでに確立されていた。しかし『精神現象学』でふたたびこのように提示される悟性と理性の弁証法には、悟性から理性への生成モデルのみならず、この生成が限られた者の洗練された直観的思考力にゆだねられるのではなく「万人」に開かれた〈導入〉のプロセスとしても語られなければならないという、より具体的な視点が加わっていると見ることができる。もっとも、ヘーゲルが哲学への導入的側面で悟性の役割を重要視するのは、単に啓蒙精神によるだけではない。「精神の生」(GW. IX, 27)が、分離され区別されたものとそれらの関係運動、否定的なものと肯定的なものとを同時に実現する有機的全体であるとされるとき、「分けるという活動」(ibid.)をおこなう悟性は、この生の力の一端を担う不可欠の要素だからでもある。

さて、「思弁的命題」の中身に戻ると、悟性的思考は命題の主語・述語関係に実体・属性関係を見てとるという通常の命題形式にしか対応しきれないため、両項の弁証法的運動に直面したときに「妨げ」を経験する。しかしながら、右に述べた『精神現象学』の方法論によるならば、精神の生は、悟性にとっての「妨げ」がすでに止揚されている全体的視点からだけではなく、概念の律動に導かれながらその「妨げ」を経験してゆく悟性の主観的なあり方からも捉えられなくてはならない。「思弁的命題」の構造を単に反省的な視点から説明するだけでは、通常の非思弁的な思考がおこなう運動そのものを捉えたことにはならず、ヘーゲル自らが批判した、根本命題を具体的事象に非現実的なかたちで当てはめるにすぎない形式的思考の立場と同等になってしまう。そこで強調されるのが、「思弁的命題」は「思弁的叙述」によって言表されなければならないということである。以上の事情をヘーゲルは次のように述べている。

実際、思弁的ではない思考も、自らの権利をもっているのだが、この権利は妥当ではあっても、思弁的命題という仕方では顧慮されない。命題という形式が止揚されるということが、無媒介的な仕方だけで、すなわち命題の単なる内容によって起こるのであってはならない。むしろ、この対立した運動が言表され（ausgesprochen）なくてはならない。この運動が先の内的な妨げとならざるをえないというだけではなく、このように概念が自己へと帰ってゆくことも叙述され（*dargestellt*）なければならない。この運動は、通常であれば証明の働きをすべきものだが、命題そのものの弁証法的運動である。その弁証法的運動のみが現実的な思弁的なもの（das *wirkliche* Spekulative）であり、この運動を言表すること（Aussprechen）のみが思弁的叙述（spekulative Darstellung）である。命題であるかぎり、思弁的なものはただ内的な妨げにすぎず、定在しないままに本質が自己へと還帰すること（die *nichtdaseiende* Rückkehr des Wesens in sich）である。（GW. IX, 45）

前節に見た「思弁的命題」の規定は、精神の生が展開する即自的存在、対自的存在、絶対的存在の弁証法的運動を反省的に示してはいるが、この運動の現実のなかで精神がどのような定在となって現れるかという側面を明確に表現するものではない。ヘーゲルはここで、後の『エンチュクロペディー』の規定と同様に、思弁と弁証法のあいだに一定の区別を設け、思弁的に見られた全体のなかで知が現実的におこなう弁証法的運動を具体的にたどる方法を「思弁的叙述」に託している。

「思弁的叙述」とは、広い意味では、「意識の経験」と「精神の現象」を、絶対知と自然的な意識および精神両極の視点からたどった『精神現象学』の探究そのものを意味するであろう。そしてもちろんまた、先にも述べたように、そうした双方向の理路が明らかにされてこそ、通常の悟性が思弁理性へと高まるための導入プロセス、すなわち哲学の公教性は確保される。しかしここでさらに具体的に生じてくるのは、「思弁的叙述」のなかで、思弁的なものがどのように言語へともたらされているのか、あるいはまたヘーゲルの言語概念そのものが思弁的なものをどのようなかたちで引き受けているのかという問いである。以下では、ヘーゲルによる「思弁的叙述」の試みがこうした問いをどこまで引き受けていたのかという部分に焦点をあててみたいと思う。

4 「精神の定在」としての言語

『精神現象学』ではまとまった言語論が展開されているわけではないが、とりわけ精神章に出てくる言語に関する記述をいくつか参照してみると、そこで言われている内容には、思弁的命題で説明された二つの主語と述語の関係構造と深いつながりがあるように思われる。その関連性は、精神の生ないし自己知という観点から理解することができるだろう。

言語とは、ヘーゲルによれば「純粋な自己の定在」(GW. IX, 276) であり、「精神の定在」(GW. IX, 351) であるとも言われる。良心論では言語の特徴が次のように述べられている。

言語は他者に対して存在する自己意識であるが、それは直接そのものとして現前し、このものとして普遍的なものである。言語は、自らを自己自身から分離する自己であり、それは純粋な自我＝自我として自らにとって対象的になり、この対象性のうちにこの自己として自らを保持するとともに、直接他者と合流していて、他者の自己意識でもある。この自己は、他者から聴き取られるのと同じように自らを聴き取るのであって、この聴き取ること（Vernehmen）こそがまさしく自己になった定在なのである。（GW. IX, 351）

精神は自己自身を知る概念的運動のなかで、純粋な内面性にとどまるのではなく、たえず自らを世界へと言明してゆかねばならない。しかしそのさい、言語というものにそなわる媒介性が、精神自身に対して、個別性・普遍性という二重の側面で関係してくる。つまり言語は、発するものであるのみならず〈聴き取られるもの〉でもあるため、一方において精神は、はじめの純粋な自己／自我を言語により表し、対象となった言語を自ら聴き取ることで自己の存在を自覚する。そして他方で、言語はこのように個別的次元だけで完結することはできず、世界へと放たれて、他者に対して開かれたものとなり、普遍的な内容を帯びてゆく。つまり、対自存在であると同時に対他存在でもあるという言語のこうした媒介性が、「精神の定在」のあり方なのである。

このように言語は、精神の自己知の生成において重要な意義を担っている。そしてもちろん、精神が個別性と普遍性とのあいだで揺れ動きながら自らの定在を語るとき、この定在は、精神の自己知の段階に応じてさまざまな現実的意味を担う。『精神現象学』の歴史的叙述に即して言うならば、精神はその諸形態の各場面で自己の定在をさまざま意味を帯びた言葉で表している。たとえば人倫的精神の言葉は、「掟や命令」（GW. IX, 276）、「必然性についての涙」（GW. IX, 351）であるし、教養の世界の言葉は「献策」や「戯言」、そして良心の言語は「信念」である。他にもそうしたさまざまに意味を帯びた言明を経るなかで、精神は、いわば自らが発した言葉の残響を聴き取りながら、自らの声が自己自身の内容と等しくなるところまで自己知のプロセスを進んでゆく。

この運動は、先の「思弁的命題」の構造に即しても説明できるだろう。たとえばアンティゴネー（人倫的主体）にとっては「神々の掟」が実体であり、主体はさしあたり実体と直接一体になっていた。しかし、アンティゴネーが自らの定在を「神々の掟」として語った結果、別な人倫的主体の言葉である「人間の掟」と対立するとき、実体に託して主体が発した言葉は、現実のなかで影響を蒙ることで新たな意味を帯び、それによって当初の主体・実体関係（命題）は崩れて、さらに新たな精神の命題の可能性が生起してくることになる。

ところで、一八〇五／〇六年の「精神哲学草稿」では、「主観的精神」（とくに知性）の発展プロセスのなかで、精神にとっての言語の位置づけがより詳細に規定されている。さしあたり言語は『精神現象学』とほとんど同様に次のように規定される。「言語は、内的なものを存在するものとして定立する。そのさいこれは、精神一般としての精神の真の存在である。精神は、二つの自由な自己の統一として定在し、精神の概念にふさわしい定在である。この定在は、直接的には廃棄され消え去りはするが、しかし聴き取られている」（GW. VIII, 189）。ここでもまた言語は、自我の直接的な内面性を存在へともたらすもの、そして対自性と対他性を同時にそなえた精神のありかたを具現化したものと考えられている。しかしこの草稿にはさらに、言語が自我と結びついたときに可能となる「記憶」という機能への論及が見られる。それによれば、とくに言語が名辞へと展開するとき、自我は自らを存在だけでなく記憶にもたらすようにもなる。「自我は記憶、（本来的な）〔自我〕であり、自らの対象においてもなお自らを対象としてもっている悟性である。記憶は名辞一般を保存し、この心像（意味）と名辞とのこうした自由で恣意的な結合を保存している」（GW. VIII, 192）。つまり、純粋な自我の内面は言語により存在となるが、たとえ内面（心像）と言語とのあいだに恣意的な結びつきがあろうとも、それが対象となった自己である以上、自我はそこに自らにとっての持続的な意味を見出すことができる。「記憶の行使は、精神としての目覚めた精神の最初の労働である」（GW. VIII, 193）と言われるが、このことからも、精神が無媒介の状態から自己定立をおこなう過程で、言語による記憶が重要な端緒を担っていることがわかるだろう。「精神哲学草稿」におけるこのような記憶の規定は、主観的精神のかなり初期段階に位置するメカニズムを説明したものではあるが、この規定から、『精神現象学』に散りばめられた精神の諸形態における言語の意義を捉え返してみると、「思弁的叙述」の構造がより明確に浮かび上がってくるように思われる。「精神の定在」としての言語が対自的であると同時に対他的なものでもあるという先に述べた構造は、たとえそれが精神の自己知という大きな同一性のプロセスで括られているにしても、プロセスがより高次のものへの進展である以上、対自存在をその場に置き去りしてゆくようにも見える。しかしこの対自存在は、その場かぎりでの現実存在ではなく、言語である以上、言明された後に必然的に記憶として刻まれ保持されるという普遍的な意味をもっている。「思弁的叙述」により表現された思弁的真理は、この点にまで及んで理解されなければならない。

以上のように考えてみるならば、思弁的なものの言語化を問うとき、ヘーゲルが「思弁的叙述」のなかで試みていたのは、精神の生成段階にある各々の主体が言明するその固有の言葉を通じて、精神に自己自身の声を語らせ、聴き取らせることだったと言うことができるのではないか。

ヘーゲル哲学の核心をなす思考方法である思弁、ないしそれによって捉えられる思弁的全体とは何かを問うとき、私たちは必然的に言語の問題に直面せざるをえない。それはやはりヘーゲルの言うように、思弁的な概念がまずもって言語による定義づけを拒む側面をそなえているからである。『エンチュクロペディー』でも次のように言われている。「思弁的な内容は、一面的な命題によって言い表すことができない。たとえば私たちが、絶対的なものは主観的なものと客観的なものとの統一である、と言えば、正しいには違いないが、やはり一面的である」(GW. XX, § 82Z)。思弁と言語とが直ちには相容れない関係にあるのは、思弁という思考様式が基本的に視覚をモデルとする一方で、言語が言い表され、聴き取られるという点で聴覚的思考に多くを負うものであることにも起因するかもしれない。しかしヘーゲルはこの二つの異なる要素が持つ可能性を相補的なかたちで引き出すことで、全体と部分の叙述を同時に試みていたのだといえる。すなわちヘーゲルの場合、思弁的な言語とは、投企的に見られた全体をたんに述語命題として反省的に表す言語ではなく、全体を構成する部分の言明を聴き取る言語なのである。

以上、「思弁的命題」、「思弁的叙述」、そしてそれを表す言語の概念に注目しながら、ヘーゲル哲学における思弁的なものの表現方法について論じてきた。このことを踏まえて最後に、全体と部分の弁証法における主体性の所在について述べておきたい。

H＝G・ガダマーは『真理と方法』において、絶対知批判を念頭に、解釈学的経験と、ヘーゲルの言語および弁証法理解との差異を指摘している。

言明の概念は、弁証法によって矛盾へと先鋭化するわけで、解釈学的経験の本質と人間の世界経験一般の言語性の本質と真っ向から対立する。たしかに、ヘーゲルの弁証法も、実際には、言語の思弁的精神に従っているのだが、彼の自己理解によれば、ヘーゲルは言語から言語が行う思考既定の反省ゲームのみを聞き出そうとし、そのゲームをすでに知られた知の全体のなかで弁証法的に媒介する筋道を取って、概念の自己意識へと高めようとしている。それによって、彼は言明の次元にとどまり、言語的世界経験の次元には達しない。(3)

ガダマーは、ヘーゲル哲学の叙述方法のうちに解釈学的経験を阻む要素があると見なす。すなわち、ヘーゲル哲学における言語、叙述、命題の動的な機能が自己を知る精神の内実をどれほど豊かに表そうとも、精神という主体がたどってゆく思弁的弁証法は、主体自身とはどこか別のところですでに先立ってある反省的形式の制約を受けているのではないだろうか。あるいは言い換えれば、絶対知や思弁的全体の側から構成された諸部分の弁証法的運動のなかでは、主体が言語を通じておこなう経験の広がりは十分に汲み尽くされないのではないか――。ガダマーによれば、言語の思弁性は、概念の律動といった思考の必然性に貫かれた全体性からは自由な地平で経験される「意味の遂行」、「言述、了解、理解の出来事」の無限な広がりのうちにある。(4) この意味でガダマーは、ヘーゲル的な絶対知ないし全体の論理に回収されない方法で、「思弁的叙述」を独自に徹底化する路線をとっているといえるだろう。

しかしながら、思弁的全体が「すでに知られた全体」として、弁証法がそこから構成された「反省ゲーム」として捉えられるとき、ヘーゲルの考える「思弁的叙述」の意味、ひいては全体と部分の関係性はすでに損なわれているように思われる。思弁的全体は確かに諸部分に先立って措定されるが、それはあくまで投機的に見られた全体の理念であって、既定の具体的内容や根本命題をそなえるものではない。思弁的全体は、主体が言明する言語のあらゆる対自存在や対他存在の可能性を投機的に引き受ける場であり、弁証法は諸部分に定位し、予見された全体の広がりを確かめながら、主体の具体的な言語がもつ意味を、その残響も含めて聴き取る思考である。したがって本来、思弁的全体へと向かう概念の律動は、諸部分における主体の経験を一面的に方向づけるものではなく、むしろその固有性も含めてあらゆる可能性を裏打ちするものだと言うことができるだろう。

結論

本書では、ヘーゲルの思弁哲学の意義と射程を、啓蒙主義やカント、フィヒテ、シェリング哲学などの立場との接点や距離感を確かめながら解明してきた。最後に、これまでの考察から得られた帰結を順にまとめておきたい。

第一に、ヘーゲルは、啓蒙主義の特徴である「世界智」、「意識の事実」や「常識＝健全な人間悟性」への定位、哲学の「公教性」の要請について、これらを全面的に目的化しようとする営みを「非哲学」と批判しながらも、〈哲学する主体〉を自らの思弁哲学へいざなうための否定的な契機として確保した。同一哲学期のシェリングは、知的直観による絶対的なものの把握を目指すことで哲学の秘教性を取り戻そうとしたが、ヘーゲルはこの観想的な、いわば〈哲学から始まる哲学〉には賛同せず、あくまでも啓蒙の時代〈以後〉に現実として可能な、さまざまな認識主体に開かれた哲学を構想する。ヘーゲルもまた哲学の秘教性を強調するが、それは、万人の理性を哲学へといざなうという公教性を確保した上で、知と無知がたえず交替する弁証法の地平へ導く、という構造においてはじめて成り立つものなのである。思弁はこのとき、啓蒙理性＝悟性の闇を照らしだす日の光のような思考だと言われる。

第二に、ヘーゲルの思弁的な哲学体系（著作としては『エンチュクロペディー』）には、哲学を学ぶ主体の教育・教養形成論が、その実践的側面として自覚的に組み込まれている。当時、カントも含め多くのドイツの哲学者たちが、各々固有の哲学体系を構想し、これを「エンチュクロペディー」という講義や著作に梗概化して表していた。A・W・シュレーゲルによれば「エンチュクロペディー」の原義とは「すべてを包摂する教授（Unterricht）」である。とりわけニュルンベルク時代のヘーゲルには、このエンチュクロペディーが「いかに教えられ、学ばれなければならないか」という教授法的な視座が見られる。「哲学すること」と「自ら思考すること」とが同一のものになることを目指すのが啓蒙主義の教養理念であった。しかしヘーゲルはこの理念のうちにそれだけでは成り立たない抽象性を認め、人文主義的教養理念に拠りつつ、哲学する主体は既存の哲学の内容を学ぶ主体でなければならないと説く。ここには啓蒙主義の批判の的となった古き佳き学校哲学の人文主義への回帰が示唆されているのではない。ヘーゲルが前提としているのはむしろ、啓蒙主義的教養の徴表を取り込みつついかに克服するかという問題意識から構想されたニートハンマーの新人文主義であるだろう。学ぶ主体は、論理学、心理学、神学などの諸学問で、そして哲学の歴史的歩みの内容で思考を満たし、それらをひとつひとつの像（Bild）として通り抜けるなかで自らの思考を鍛え上げ（Ausbildung）、そうしてはじめて自ら思考する＝思弁することができるようになる。だが、思弁的思考それ自体は何か実践的に教えられ学ばれるものではなく、教育によって知りうるのはあくまで思弁的なもの「表象」にすぎないともヘーゲルは言う。したがって、哲学体系の実践的・方法論的側面としては、最終的に哲学の理念を展望する思弁の境位は限りなく留保しつつも、思弁へと「到る道」を具体化することが目指されているわけである。

第三に、〈全体は本性上部分に先立つ〉あるいは〈普遍は本性上個に先立つ〉というテーゼを基礎とする人倫概念は、それが個と普遍の単純な二元論を、すなわちつねに純粋な区別と対立の相に捉えられる個と普遍の関係性をいかに拒否するものであるか、という洞察のもとに捉えられなければならない。したがって、ヘーゲルの人倫概念は従来、個別者の固有の境位を普遍的なものへと絡め取ろうとする権威主義的国家思想であるとの批判がじつによくなされてきたが、この種の批判のはつねにヘーゲルの二元論批判に照らしてその妥当性を吟味してみる必要がある。ヘーゲルが見据えているのは、部分や個と区別され、それらに対立するかぎりでの「全体」ないし「普遍」ではない。ヘーゲルの人倫論は、従来の権威主義的な近代国家論への批判から出発しつつも、それが定位していた近代的個の原理を閑却することなく、自らが当初抱いていた理想の「全体」であるギリシア的共同の原理との融合を果たすことによって、新たな「全体」像を描き直している。この人倫的全体のなかで個別性が「救済」されなければならなかったとすれば、それは個別性に対立する普遍からというより、対立の根源である個と普遍の二元論それ自体からの「救済」なのである。

第四に、思弁は定式化して言えば、悟性の規定作用によって抽象化されたものが、弁証法的理性の否定作用によって矛盾状態へともたらされるとき、その思考作用の総体のうちに概念の律動を捉え、それを担っている全体的なものへの展望を開く思考である。ただし、『エンチュクロペディー』で述べられていたように、思弁は、抽象的なもののうちに具体的なものを看破する思考ではあるが、思考であることの抽象性も同時にそなえている。なぜなら、思弁とは神の視点や知的直観ではなく、有限なものが無限なものを見据えて投機的におこなう思考であり、悟性や弁証法的理性が契機としてそのうちに保持されているからである。『精神現象学』に即して言えば、「思弁的命題」は、主語・述語から構成される通常の命題のうちに主語と述語の弁証法を見通す思考によって成り立ち、通常の命題に対してつねに破壊的性格をもっているにもかかわらず、命題の形式を完全に捨て去ることはできない。思弁に残されるこうした抽象性は、ともすれば具体的なものへの思考の進行を妨げ、思弁的なものとして提示した内容をふたたび悟性的な抽象物に変えてしまう契機となるに十分であるようにも思われる。しかしヘーゲルの視点は、こうした残余をも捉えて、思弁がさらなる概念の律動と新たな全体性へとむかってその非完結的な思考を展開しつづけてゆく地平にまで及んでいるのではないだろうか。非理性的なものの可能性を問うシェリングの積極哲学が、ヘーゲルの絶対的なものの学をその根底から問いただそうとするものであるかぎり、思弁哲学はその本性上、現実存在の領域との単なる対立ではなく対話へと向かう次元にこそ成立する。ヘーゲルの思弁理性は、思考としての抽象性、すなわちさらなる弁証法を喚起する可能性を認めることによって、全体が担う具体的な内包を可能性として逆説的に保持していることになろうが、この思弁理性の立場からは、シェリングの積極哲学に向かっておそらく次のような問いが投げ返されるように思われる。——現実存在が直面する理性の脱自的経験について語り、分節化する積極哲学の言葉は、思弁的理性以外の何かであることができるのだろうか。

哲学の原義である「愛知」は、単に知識を愛でるのではなく、「無知の知」の精神に支えられながら既存の知の枠組みを自ら懐疑に晒し、たえず新たな知を追求してゆく営みである。これはある意味で哲学する主体にとっては自己否定のたえざる繰り返しであり、紆余曲折の過程である。私たちは日々の生活・学究の場を問わず、知覚的真理、論理的真理、科学的真理、社会的真理、自己確信的真理といったように、さまざまな現象に真理の照準を合わせながら生きている。ときには、それらを相互に区別した上で、個人個人の関心や状況に応じ、いずれかに鋭く意識を傾けなければならないこともあるだろう。しかしそのさい意識を先鋭化すればするほど、他の真理観との境界や対立点が際立ち、かえってそちらの方へと展望を開かざるをえなくなる、という逆説的な事態が生じてくる。私たちが「愛知」を実践しようとすれば、このように、ある真理観を抱いてはその限界を自覚させられ、また別の真理観へと変容を余儀なくされる、といった道を歩んでゆくことになるのである。

とはいえ、哲学はこうした自己否定の連鎖に終始するわけではない。ヘーゲルは、弁証法的思考の先に「思弁」という思考の段階を設定し、その可能性をさらに追究した。これまで述べてきたように、思弁とは、区別や対立状態にある物事や価値観のうちに「肯定的なもの」を見いだそうとする統一的な思考である。「肯定的なもの」とはこの場合、紆余曲折の過程で変容しつつも同一性を保ってきたほかならぬ〈考える主体〉（精神）であり、なおかつこの主体とそれを取り巻く真理とが織りなしてきた有機的な関係性である。思弁とは、「知覚的真理、論理的真理、科学的真理、社会的真理等々にそれぞれ関心を傾けることで、私たちはどう在り、どう世界と向き合おうとしているのか」という問いの答えを探し求める、〈思考の思考〉なのだといえる。ただし、思弁は文字通りあくまで投機的なものであるため、この答え探しそれ自体が非完結的な営みとなってくる。

ヘーゲルにとって思弁は、このように〈思考の思考〉であり哲学そのものだったが、その後時代が進み学問の細分化・断片化・実利的傾向がある程度不可避となってくると、哲学においても全体的思考への関心は後退して、思弁概念が掘り下げられることはほとんどなくなり、むしろ日常的な言い回しでは「空理空論」といったニュアンスさえ帯びてきている。(1) 思弁は、とりわけヘーゲルを中心とした近代のドイツ観念論という一哲学（*eine Philosophie*）のなかの一思考としてしか妥当性を保ちえないのだろうか。これは思弁という考え方そのものが限定的否定に直面するという興味深い事態でもある。そうした現況を踏まえた上でさらに、「思弁的真理の可能性／不可能性に関心を傾けることによって、私たちはどう在り、どう世界と向き合おうとしているのか」という問題に切り込んでゆくことにこそ、思弁の本領はあるように思われる。

あとがき

本書は、筆者の博士学位論文「ヘーゲル哲学における思弁の生成」（東北大学大学院文学研究科、二〇一三年）を改稿・増補したものである。また本書のうち次に挙げる各章は、すでに公表された学術論文が元になっている。

初出一覧

第四章「共通感覚と共通知の哲学」（座小田豊・栗原隆編『生の倫理と世界の論理』、東北大学出版会、二〇一五年、二四三―二六三頁）

第五章「哲学と人間形成――ニートハンマーとシェリングの教養形成論をめぐって」（『シェリング年報』第一九号、日本シェリング協会編、二〇一一年、七六―八六頁）

第六章「哲学の〈学習〉としての体系――ヘーゲルの教育観と哲学的エンツュクロペディーの関係について」（久保陽一編『ヘーゲル体系の見直し』、理想社、二〇一〇年、一〇一―一一七頁）

第七章「ギリシア的共同原理と近代国家の接点――歴史哲学主題化以前のヘーゲル国家論」（『思索』第三八号、東北大学哲学研究会編、二〇〇五年、一六一―一八〇頁）

第九章「思弁的思考と弁証法――思弁哲学の困難と可能性をめぐるヘーゲルの視点」（『東北哲学会年報』第二三号、東北哲学会編、二〇〇七年、一九―三二頁）

第十章「理性の思弁と脱自――ヘーゲルとシェリングにおける理性の可能性に関する考察」（『ヘーゲル哲学研究』

第一四号、日本ヘーゲル学会編、二〇〇八年、一四九―一六一頁)
第十一章 「ヘーゲルの思弁哲学における命題・叙述・言語」(『思索』第四七号、東北大学哲学研究会編、二〇一四年、二七一―二八七頁)

日々の研究の場を一歩出ると、「哲学って何?」という疑問を投げかけられることが度々ある。この問いは素朴だが、哲学にとって本質的な問題である。とは言っても、哲学そのものは必ずしもこの問いに対して最初から単純明快で絶対確実な回答を用意しているわけではない、というのが厄介なところである。哲学は、「哲学とは何か」という問いをつねに抱懐しつつ営まれていると言えるからだ。

たしかに、この問いにはすでに多くの哲学者がそれぞれ独自の応答を示してきた。ソクラテスは知を愛することだと言い、ヘーゲルは思考の思考であるとし、ウィトゲンシュタインは思考を論理的に明晰化することだと述べた。ドゥルーズは「哲学とは何か」という問いそのものを主題化した。私自身もまた、小学校の課外授業や一般向けの講座や入門講義など、哲学を専門としない人たちを前にして哲学を定義するときには、「問いつづけること、応えつづけること」だと説明する。

しかし他方で、これらの定義のひとつひとつは果たして哲学のすべてを尽くしていると言えるだろうか、と思うとき、そこに哲学の思弁性が際立ってくる。私たちは哲学という言葉に何を予感しているのだろうか。哲学が何なのかは、思考に思考を重ねた果てに、また哲学のテキストや理論や歴史に丹念に取り組んで初めて本当に知ることができるのだろうか。哲学が何なのかを知る前に哲学的な何かを語ることは可能なのだろうか――。これらの問いに応えることは容易ではない。ただ、私は、こうした疑問や葛藤をそのまま引き受けている哲学という学問の懐の深さそれ自体に、たえず関心を抱いてきた。

ドイツ・ハイデルベルクの町外れの高台に、「哲学者の道（Philosophenweg）」という有名な場所がある。悠々と流れるネッカー川に沿って、対岸の旧市街や古城の景色を眺めながら歩いてゆける長閑な散策路だ。有名無名を問わず数々の哲学者たちが思索に耽ってきた道、というのがその名の由来のようである。ところで、この「哲学者の道」に到る道については、どのくらい知られているだろうか。それは両脇に迫る壁で視界の遮られた、細く長く曲がりくねった小道で、「蛇の道（Schlangenweg）」と呼ばれている。「哲学者の道」にたどりつくには、この「蛇の道」を延々登って行かなければならない。意図してつくられたものなのかどうなのか、「哲学者の道」の開放感と「蛇の道」の閉塞感は対照的な雰囲気を生みだしているように思える。

私が本書で取り組んだ研究の関心は、いわば、この「蛇の道」から「哲学者の道」に到る理路を探ることにあった。ヘーゲルの言葉で表すなら、前者は感性や悟性や否定的理性の弁証法、後者は思弁的思考という風に置きかえられるだろう。それはまた哲学への求道と、哲学からの眺望であるとも言える。二つの道はまったく対照的な形をしているが、地続きである以上、相互に欠くことはできない。こうしたイメージで考えるとき、「哲学とは何か」という問いは、この道のどの場所にあっても投げかけうるものであり、問いへの応答は、道を行く主体の特定の視野からそのつど展望される真理の光景を背景としてもつ何かであると思う。道を進みつづければ、やがて多くの問いと応答が主体の中に積み重ねられてゆく。「哲学とは何か」という問いの思弁性は、この問いが、そうした重層的な問いと応答の総体から、つねに新たに問われうる非完結的なものだという点にあると思う。

博士課程からポスドクにかけての研究が本書の形となるにあたって、多くの方々からの恩恵を受けた。お世話になった方々へ、以下に記して感謝申し上げたい。

座小田豊先生には、博士前期・後期課程の長きにわたってご指導をいただいた。座小田先生は、視野狭窄に陥りがちな筆者の思考がより大きな問いへ、より根源的な次元へと開かれるようつねに導いてくださった。また座小田先生の『精神現象学』の演習でヘーゲルの難解な文章を一文一文丹念に精読し、解釈や疑問を皆で絞り出すように語ったあの修行のような時間は、哲学の原典テキストとの向き合い方を体得する上でかけがえのない学びの時だった。今私自身がおこなっている演習は、あの場所の延長線上にある。

栗原隆先生には、私がまだ新潟大学人文学部の学生だった頃から研究者となった今にいたるまでの長い間、綱渡りのようだった私の研究活動をつねに親身に見守っていただいた。院生・ポスドク時代も継続して栗原先生の読書会に参加させていただいたことで、ドイツ観念論の周辺に埋もれた重要文献を繙き、近代哲学の影響作用史を新たに掘り起こす作業の意義と醍醐味を知ることができた。本書で取り上げたラインホルト、シュミット、ヤコービの研究は、栗原先生の読書会で得られた成果でもある。

同僚の宮﨑裕助氏は、博士論文の出版に向けて第一歩を踏み出す後押しをしてくれた。また本書の原稿を手直しするなかで、氏からは多くの有益かつ丁寧なアドバイスをいただいた。

そして、私が東北大学の院生だった当時、哲学・倫理学研究室の院生の方々と、研究室で、演習で、ともに哲学漬けの日々を送り、研究生活の苦楽も語り合いながら切磋琢磨した経験と記憶は、博士論文を書き上げるにあたって確かな精神的支えとなった。

また、新潟大学人文学部の学生だった頃、人間学講座で出会った学友たちと諸先生方からは、学問的知識のみに甘んじることなく、日常と非日常のあいだで躓きながらも自由に何かを問いつづけるという謙虚で情熱的な姿勢を学んだ。対話と思考と友愛に満ちた人間学資料室の日常風景は、私にとって今でも哲学的生の原点となっている。

なお、本書は、新潟大学人文学部研究叢書の一冊として刊行される。自分が哲学を学び始めた場所である新潟大学から、こうして修業時代の成果を出す機会が得られたことをたいへん幸甚に思う。貴重な機会を設けてくださった研究推進委員会の諸先生方に感謝したい。

最後に、知泉書館の小山光夫氏には、スケジュールが厳しい中、こちらの校正作業が進まず多くのご迷惑をおかけした。本書の刊行が実現したのは、小山氏と知泉書館の方々がつねに丁寧かつ迅速に編集作業を進めてくださったおかげである。記して敬意と謝意を表する次第である。

二〇一八年一月二〇日

阿部　ふく子

索　　引

（本文中で言及した事項・人名に限る）

ア　行

カ　行

サ　行

マ・ヤ 行

ラ 行

註

序　論

1）ヘーゲル哲学の敵手にしてすぐれた理解者でもあるアドルノは，思弁哲学の衰退に次のような必然的経緯を見ている。「つねにいたるところに遍在する交換（Tausch）という媒介のメカニズムが，人間的直接性に対して残す余地が少なくなればなるほど，従順な哲学はますます熱心になって，自分たちは直接的なもののうちに事物の根拠をもっていると請け合うのである。こういう精神が，物に拘る学問においても，またそれに反論する立場においても，思弁をうち負かしてしまったのである」（vgl. Theodor W. Adorno, *Drei Studien zu Hegel,* In: *Gesammelte Schriften*, Bd.5, Frankfurt a. M. : Suhrkamp, 1970, S. 296.［テオドール・W・アドルノ『三つのヘーゲル研究』渡辺祐邦訳，ちくま学芸文庫，2006 年，110 頁参照］）。

2）Vgl. Theodor W. Adorno, *Negative Dialektik*, In: *Gesammelte Schriften*, Bd.6, Frankfurt a. M. : Suhrkamp, 1970, S. 27.（テオドール・W・アドルノ『否定弁証法』木田元・徳永恂・渡辺祐邦・三島憲一・須田朗・宮武昭訳，作品社，1996 年，24 頁参照）

3）Spekulation の語源や概念史の詳細に関しては次の文献を参照。Vgl. *HWPh*, Bd.9, S. 1355 ff. ; F. Grimmlinger, Zum Begriff der Spekulation bei Hegel, In: *Wiener Jahrbuch Philosophie,* Bd.10, 1977, S. 179 f.

4）Vgl. Francis Bacon, *Novum Organum* I, Aphorism 73, In: *The Works of Francis Bacon*, vol. I, edited by James Spedding, Robert Leslie Ellis and Douglas Denon Heath, Boston 1857, S. 279.（フランシス・ベーコン『ノヴム・オルガヌム』桂寿一訳，岩波文庫，1978 年，119 頁参照）

5）「理論的認識は，いかなる経験においても到達しえない対象，あるいは対象についてのそうした概念に関わる場合には思弁的である」（KrV. B 662 f.）。

6）「思弁的理性のすべての理念は，経験が与えうる以上の対象に関して私たちの認識を拡張する構成的原理ではなく，経験的認識一般の多様なものを体系的に統一する統制的原理である。経験的認識は，この統制的原理によって，そうした理念を欠いたまま悟性の諸原則をただ使用するだけでなされうるより以上に，それ〔認識〕自身の限界内で開拓され是正されるのである」（KrV. B 699）。

第 I 部　啓蒙から思弁へ

1）Vgl. *HWPh*, Bd. 12, S. 531; Werner Schneiders, *Philosophische der Aufklärung – Aufklärung der Philosophie: Gesammelte Studien*, Hrsg. v. Frank Grunert, Duncker & Humblot: Berlin 2005, S. 351.「世界智」とは，たとえば単純に「世界についての智」を

意味するのではない。この語の意図は，哲学の対象を示すことではなく，あくまでも哲学の新たな位置づけや自己規定を表明することにある。通俗哲学者の一人であるヴィルヘルム・トラウゴット・クルークがまとめた哲学事典（初版 1827-28，1829-34 年）の「世界智」の項目には次のような記述がある。「〔世界智という〕かの名称は，たとえば哲学を世界についての学問（宇宙論）と見なすことから成立したわけではない。というのも，こうした学問は哲学の一部にすぎないからである。むしろそれは，中世において世俗的な智（sapientia profana〔,〕s.〔= sapientia〕secularis）としての哲学を，神聖な智としての神学（sapientia sacra）に従属させるために対置することから成立したのである」（Wilhelm Traugott Krug, *Allgemeines Handwörterbuch der philosophischen Wissenschaften nebst ihrer Literatur und Geschichte*, vol. 4, 2 Aufl. Leipzig 1834, S. 499）。

2） Vgl. W. Schneiders, *a.a.O.*, S. 353.

3） 「世界のための哲学者」とは，ベルリンの啓蒙主義者ヨハン・ヤーコプ・エンゲルが 1775 年から 1777 年にかけて編集した雑誌の名称である。この標語の含意は，第一巻末尾のクリスティアン・ガルヴェによる補遺で次のように語られている。「彼ら〔エンゲルやガルヴェも含めた『世界のための哲学者』の著者たち〕はおよそ哲学者を，何かしら哲学に属する真理，あるいは何かしら哲学的に扱われた真理を――どういう真理なのか，どんな形態においてかはともかく――講じる人だと理解し，また世界をまったく種々雑多な公衆と理解していると思われる」（Johann Jakob Engel (Hg.), *Der Philosoph für die Welt*, Bd. 1, Leipzig 1775, S.181）。ここには，アカデミックな世界に限定されないさまざまな生活を営む市民が，哲学と非学問的などんな仕方であれ交わることへの期待が示唆されている。「世界のための哲学（者）」を標榜する後期啓蒙の通俗哲学については，その起源，展開，エンゲルやクルークも含めた通俗哲学者たちの具体的な思想内容を詳細かつ包括的に論じた以下の研究を参照した。Christoph Böhr, *Philosophie für Welt: Die Popularphilosophie der deutschen Spätaufklärung im Zeitalter Kants*, Stuttgart: frommann – holzboog, 2003. 著者のベーアは，通俗哲学の主題――「人間の研究」としての哲学探究のあり方の模索，哲学の公衆性への要求――がドイツ観念論からの排撃を受け哲学史においてほとんど顧みられなくなったにもかかわらず，哲学の自己理解・自己規定をめぐる問題においていまなお重要な意味を担っているとの見解を示している。通俗哲学の内容への詳細な論究はそれ自体重要であるが，本書の範囲を越え出るため，以上の文献にもとづいて趣旨を示すにとどめた。

4） Vgl. GW. IV, 124; SW. IV, 232

5） ハンナ・アーレントは『精神の生活』第 1 部第Ⅱ章「現象世界の中での精神活動」において，広範な概念史的観点と述語を駆使しながら，世界から「退きこもる」精神の性格ついて詳しく論じている。端的に言うとそれは――反省作用，想像力，記憶，懐疑，観察などといった――思考という精神活動が，感覚的な現象世界ないし現前する常識的な世界に対してとる疎遠な態度を表している。Vgl. Hannah Arendt, *The Life of the Mind*, New York: Harcourt Brace Jovanovich, 1978, p. 88.（ハンナ・アーレント『精神の生活（上）』佐藤和夫訳，岩波書店，1994 年，104 頁参照）

I- 1　理性の光と影

1）Vgl. Johann Friedrich Zöllner, Ist es rathsam, das Ehebündniß nicht ferner durch die Religion zu sanciren?, In: *Berlinische Monatsschrift*, Bd. 2 (1783), S. 516 Anm.

2）たとえば，メンデルスゾーンは文化的文脈から啓蒙を論じた。人間の教養形成（Bildung）は開化（Kultur）と啓蒙から成り立つ。開化が人間の技術・芸術・社会といった実践的領域における進歩であるのに対し，啓蒙は理論的なもの，つまり「理性的認識（客観的）人間的生の事柄について，それらが人間の使命に対してもつ重要性と影響を尺度にしながら，理性的によく考えることへの熟達」（S. 194）に関わる。啓蒙は開化に対する批判的機能を果たしながら，開化と連関し合って豊かな国民を形成する。このように規定した上で，メンデルスゾーンは「最も啓蒙された時代であっても」啓蒙の正しい適用と誤用の境界線を区別し把握しておく必要があると述べ，啓蒙の限界について指摘している。「啓蒙の誤用は道徳感情を弱め，ひ弱な感覚，利己主義，不信心，アナーキーに導く。開化の誤用は，奢侈，偽善，脆弱さ，迷信，奴隷状態を生む」（S. 199）。それに対して「啓蒙と開化が同じ歩調で進行するところでは，両者は互いに，腐敗に抗する最高の予防剤となる」（ibid.）。何をもって誤用とするかは具体的に明記されていないが，文脈から判断して，啓蒙・開化の誤用とは，その行き過ぎた状態のことだと思われる。メンデルスゾーンは，〈啓蒙の弁証法〉のように，啓蒙が野蛮化する必然性にまで論及しているわけではないにせよ，このように啓蒙の否定的側面を明確に規定することで，より反省的な視点に貫かれた真の啓蒙を追求しようとしている。Vgl. Moses Mendelssohn, Über die Frage: was heißt aufklären?, In: *Berlinische Monatschrift*, Nr.9, September 1784, S. 193-200.

3）Karl Leonhard Reinhold, Gedanken über Aufklärung, In: *Der Teutsche Merkur*, August [Juli, September] 1784, S. 123.

4）Pöbel には元来「下層民」や「愚民」など差別的な意味が含まれるが，ラインホルトはこの言葉を使うさい慎重に註を設けて，「一般の人（der gemeine Mann）」（S.127）以外の（価値的な）意味は込められていないと断っている。本書ではその意図を汲んで比較的中立的なニュアンスをもつ「庶民」という訳語を用いた。

5）J. G. Fichte, Vergleichung des vom Hrn. Prof. Schmid aufgestellten Systems mit der Wissenschaftslehre, In: *Gesamtausgabe* , II 3, Hrsg. v. Reinhard Lauth und Hans Jacob unter Mitwirkung von Hans Gliwitzky und Peter Schneider, Stuttgart – Bad Canstatt: frommann-holzboog, 1971, S. 235-266.（J・G・フィヒテ「シュミット教授によって樹立された体系と知識学との比較」栗原隆・阿部ふく子訳，『フィヒテ全集 第 10 巻』，晢書房，2015 年，89-141 頁）

6）Vgl. Norbert Hinske, Einleitung, In: *Carl Christian Erhard Schmid, Wörterbuch zum leichtern Gebrauch der Kantischen Schriften,* Neu herausgegeben, eingeleitet und mit einem Personenregister versehen von Norbert Hinske, Dritte, Um ein Nachwort ergänzte Auflage, Darmstadt: Wissenschaftliche Buchgesellschaft, 1998, S. VII-XXXII.

7）Vgl. Christiane Ruberg, *Wie ist Erziehung möglich?: Moralerziehung bei den frühen*

pädagogischen Kantianern, Bad Heilbrunn: Julius Klinkhardt, 2002, S. 62.

8) Vgl. J. G. Fichte, *Gesamtausgabe*, II 3, Vorwort vom Herausgeber, Hrsg von Reinhard Lauth und Hans Jacob unter Mitwirkung von Hans Gliwitzky und Peter Schneider, Stuttgart – Bad Canstatt: frommann-holzboog, 1971, S. 233.

9) Vgl. J. G. Fichte, *Gesamtausgabe* , II 3, Vorwort vom Herausgeber, S. 232.

I-2　常識と思弁のあいだ

1) 本書第II部第1章を参照。

2) Vgl. Hannah Arendt, *The Life of the Mind,* New York: Harcourt Brace Jovanovich, 1978, p. 89.（ハンナ・アーレント『精神の生活（上）』佐藤和夫訳，岩波書店，1994年，105頁）

3) ちなみにこの論稿については，ヘルダーリンの合一哲学やF・シュレーゲルの懐疑論との影響関係が指摘されている。Vgl. Dieter Henrich, *Konstellationen*: Probleme und Debatten am Ursprung der idealistischen Philosophie (1789-1795), Stuttgart: Klett-Cotta, 1991, S. 247f.; Elizabeth Millán-Zaibert, *Friedrich Schlegel and the Emergence of Romantic Philosophy*, State University of New York Press, 2007, p. 95ff.

4) 創刊当初の賛同者には，エアハルト，グロース，ホイジンガー，フーフェラント，フンボルト，マース，マイモン，ラインホルト，シラー，シュミット，シュルツが名を連ねている。

5) F. I. Niethammer, Vorbericht über Zweck und Einrichtung dieses Journals, In: *Philosophisches Journal einer Gesellschaft Teutscher Gelehrten*, Erster Band, Jena 1795. 頁付けがないため，この論稿からの引用にさいしては便宜上ローマ数字で頁を記す。

6) F. I. Niethammer, Von den Ansprüchen des gemeinen Verstandes an die Philosophie, In: *a.a.O.*, S. 1-45. 引用にさいしては略号Aおよび頁数を記す。

7) ニートハンマーは編者である自らの立場を考慮してか，少なくとも本章で扱う二つの論稿においてはまったくといってよいほど哲学者の固有名を明記していない。が，批判哲学を擁護し，その基礎づけを試みる立場として念頭におかれているのはラインホルトの根元哲学だと考えられる。

8) Vgl. E. Millán-Zaibert, *a.a.O.*, S. 97f.; Gunther Wenz, *Hegels Freund und Schillers Beistand: Friedrich Immanuel Niethammer (1766-1848)* Göttingen,: Vandenhoeck & Ruprecht, 2008, S. 136f.

9) ここに述べられるニートハンマーの合一の思想には，『判断と存在』（1795年）におけるヘルダーリンの思索との合致も指摘されている。Vgl. Dieter Henrich, *a.a.O.*, S. 247f.

10) とはいえ，『差異論文』の当該部分では，絶対的なものは知ではなく信念（Glaube）という感情によって捉えられるとするヤコービの直接知の立場も念頭におかれていると考えられるため，注意を要する。ちなみにここでは，「感情（Gefühl）」という語を介して直接知が常識と同列におかれているようにも見えるが，もしそうだとすれば，そのよ

うな見方はいささか厳密さに欠けると言えるかもしれない。ヤコービの直接知は，哲学的反省によっては到達できない信という感情の高まりによる直観的認識であるため，常識に定位するものとは言えない。ヤコービの信念とニートハンマーの常識の違いに関して，E. Millán-Zaibert は，前者が存在の無媒介的確実性を定立するのに対して，後者は私たちがおこなういくつかの原初的な認識に無媒介的な確実性があることを主張しているのだと指摘する（vgl. E. Millán-Zaibert, *a.a.O.*, S. 108.）。

11） Vgl. Hannah Arendt, *a.a.O.*,S. 81.（前掲訳書，95 頁）

I-3　思弁哲学の公教性と秘教性

1） こうした関心そのものを主題化した取り組みとしては，①哲学史編と概念編に分けて幅広く公教性・秘教性概念を論じたもの（*Esoterik und Exoterik der Philosophie*, Helmut Holzhey und Walter Ch. Zimmerli (Hrsg.), Basel/Stuttgart: Schwabe, 1977）のほか，たとえば，②近代美学における美的なものの機能の固有性を画定する試みや，③ 1970 年代ドイツでクローズアップされた »Wozu Philosophie?« という言葉の下で哲学の「役割」や「機能」を広く批判的に反省する試みなどが挙げられる。それぞれ次のものを参照した。②小田部胤久「『美的なもの』と『学問的なもの』あるいは『公教的なもの』と『秘教的なもの』――『美的哲学』の成立と解体」，『美学藝術学研究』第 17/18 号，東京大学美学藝術学研究室編，1998/99 年，33-57 頁。③ Hermann Krings, Über Esoterik und Exoterik der Philosophie, In: *Wozu Philosophie? : Stellungnahmen eines Arbeitskreises*, Hermann Lübbe (Hrsg.), Berlin, New York: Walter de Gruyter, 1978, S. 148-162.

2） この点に関しては第 II 部で論じる。

3） ただしこれはプラトンのアカデメイアですでに通用していたと伝え知られる規定に依拠している。Vgl. *HWPh*, Bd. 2, S. 865-867.

4） アリストテレスの著作に拠るのではなく，二世紀のローマの作家ゲリウスによる伝承。廣川洋一『プラトンの学園 アカデメイア』，岩波書店，1980 年，108 頁以下参照。なお，“esterikos“ の最初の用例は二世紀のギリシア人作家ルキアノスの著作に見られるとされる（vgl. *HWph*, S. 866）。

5） アントワーヌ・フェーブル『エゾテリスム思想――西洋隠秘学の系譜』田中義廣訳，白水社，1995 年，7 頁以下参照。

6） シラーの「美しい文体」論については小田部［1998/99］に従い，「美的形式の使用における必然的限界について（Über die Notwendigen Grenzen beim Gebrauch schöner Formen）」（1795 年）を参照した。「美しい文体の魔法の力を探求する者はいつも，それが外的自由と内的必然性のあいだの（……）適切な（glücklich）関係のうちに含まれていることに気づくだろう」（F. Schiller, *Gesammelte Werke*, Bd. 8, Berlin 1959, S. 520）。

7） 詳細は小田部［1998/99］を参照。

8） この論文は，ヘーゲルが執筆したものに共同編集者であるシェリングの手がいくらか加えられたものと推測されている。

9） Vgl. Helmut Holzhey, Der Philosoph für die Welt - eine Chimäre der deutschen

Aufklärung?, In: *Esoterik und Exoterik der Philosophie*, Helmut Holzhey und Walter Ch. Zimmerli (Hrsg.), Basel/Stuttgart: Schwabe, 1977, S. 117-138.

10） ヘーゲルが述べているのはおおよそ以下のようなエピソードである。アレクサンダー大王は，師のアリストテレスが自らの哲学を著作として公にしたことを聞いて，自分たちが共に哲学したものを一般化すべきではなかったと手紙で書き送った。アリストテレスはそれに答えて，自分の哲学は公刊されている（herausgegeben）が，公刊されたわけでもない，と述べたという（vgl. GW. IV, 124 f.）。

11）「自然法の学問的な取り扱い方，実践哲学におけるその地位および実定法学に対するその関係について」（1802 年）。本書ではすべて「自然法論文」と略記する。

12） 本書第二章参照。

13） Vgl. Hermann Krings, *a.a.O.*, S. 149.

I- 4　共通感覚と共通知の哲学

1） Thomas Reid, An Inquiry into the Human Mind on the Principles of the Common Sense, In: *The Works of Thomas Reid* vol. 1, ed. by Sir William Hamilton, Bristol: Thoemmes Press, 1944（略号 HM）. 当該テクストからの引用は基本的に邦訳（トマス・リード『心の哲学』朝広謙次郎訳，知泉書館，2004 年）に従った。ただし，本稿全体で用語を統一するために訳文を変更させていただいた箇所があることをあらかじめお断りしたい。

2） David Hume, A Treatise of Human Nature, In: *David Hume, Philosophical Works* vol. 1, ed. by Thomas Hill Green and Thomas Hodge Grose, London: Scientia Verlag Aalen, 1992, p. 534.

3） Thomas Reid, Essays on the intellectual Powers of Man, in: *The Works of Thomas Reid* vol. 1, ed. by William Hamilton, Bristol: Thoemmes Press, 1994, p. 421.

4） Thomas Reid, *op. cit.*, p. 421.

5） Thomas Reid, *op. cit.*, p. 425.

6） Manfred Kuehn, *Scottish Common Sense in Germany*, 1768-1800, McGill Queen's University Press, 1987, p. 144.

7） Friedrich Heinrich Jacobi, *David Hume über den Glauben oder Idealismus und Realismus. Ein Gespräch*, Breslau 1787.（略号 DH）［F・H・ヤコービ『信念をめぐるデヴィッド・ヒュームもしくは観念論と実在論』栗原隆・阿部ふく子・福島健太訳（部分訳），『世界の視点 知のトポス』，新潟大学人文学部哲学・人間学研究会編，第 6 号，23-88 頁，2011 年］

8）「諸々の理性根拠からは生じることのない〈真だと見なすこと〉（*Fürwahrhalten*）が何であれ信念であるとすれば，理性根拠そのものの確信は信念に由来し，自らの力をただ信念からのみ受け取るのでなければなりません。信念によって私たちは，自らが身体をもっていること，また自らの外部に他の身体や他の思考する存在者が現前していることを知ります。正真正銘の見事な啓示です！」（Friedrich Heinrich Jacobi, *Über die Lehre des Spinoza in Briefen an Herrn Moses Mendelssohn*, Auf der Grundlage der Ausg. von

Klaus Hammacher und Irmgard-Maria Piske bearb. von Marion Lauschke, Hamburg: Meiner, 2000, S. 113f.）

9） Friedrich Heinrich Jacobi, Sendschreiben an Fichte, In: *J. G. Fichte - Gesamtausgabe der Byerischen Akademie der Wissenschaften*, Bd. III-3, Hrsg. von Reinhard Lauth und Hans Gliwitzky, Stuttgart: Friedrich Frommann, 1972, S. 245.（F・H・ヤコービ『フィヒテ宛て公開書簡』栗原隆・阿部ふく子訳，『フィヒテ全集 第10巻』，晢書房，2015年，302-392頁）

10） *a.a.O.* , S. 245.

11） Friedrich Heinrich Jacobi, *Werke*, Bd.2.1, hrsg. v. Walter Jaeschke und Irmgard-Maria Piske, Hamburg: Meiner, 2004, S. 378.

12）「本性上観念には他の存在に対してどこかよそよそしいところがある。観念は最初，事物の像または代表というつつましい性格で哲学に導入された。この点で観念は無害だっただけでなく，人間知性の働きを説明するのによく役立った」（HM. 109）。また以下も参照。Manfred Kuehn, *op.cit.*, p. 160.

II　思弁と教養形成

1） Bildungの含意には幅があるため，本書では文脈に応じて「教養形成」「教養」「形成」の訳語を使い分けている。

2） シェリングとニートハンマーの思想的交流に先立ち，ヘーゲルは『精神現象学』において，シェリング哲学に絶対知へといたる思考の形成過程が欠落していることを指摘している。「本来的な知となるために，言い換えれば，学の境位すなわち学の純粋な概念を生みだすためには，精神は長い労働の道のりを通らなければならない。――この生成のありようは，その内容と，内容のうちに表れる形態において提示されるのだが，生成は，学的ではない意識を学へと導く手引きとは別なものとして現れる。それはまた，学の根拠づけといったものとも違う。――いずれにせよ，まるでピストルから発砲するかのように直接（unmittelbar）絶対知で始め，その他諸々の立場については，これに注意を向けるものではないと断ってすでに片付けてしまっているような霊感（Begeisterung）などではないのである」（GW. IX, 24）。シェリングが自らの哲学体系と教養形成論をどの程度有機的に関係づけて考えていたかという問題は別途厳密に検討する必要があるだろう。

II-5　哲学と人間形成

1） Vgl. Christoph Jamme und Helmut Schneider (Hg.), *Mythologie der Vernunft: Hegels »ältestes Systemprogramm des deutschen Idealismus«*, Frankfurt a. M.: Suhrkamp, 1984, S. 13-14.

2） Vgl. Friedrich Hölderlin, *Sämtliche Werke*, Große Stuttgarter Ausgabe, Hrsg. von F. Beißner u.a., Bd.4-1, S. 275 ff.『哲学書簡の断片』というタイトルは邦訳（ヘルダーリン

『省察』武田竜弥訳，論創社，2003 年，20-29 頁）に従った。

3） Vgl. Friedrich Hölderlin, *Sämtliche Werke und Briefe*, Hrsg. v. J. Schmidt, Bd. 3, Frankfurt a. M., S. 225.

4） Vgl. Gunther Wenz, *Hegels Freund und Schillers Beistand: Friedrich Immanuel Niethammer (1766-1848)*, Göttingen: Vandenhoeck & Ruprecht, 2008, S. 191.

5） Vgl. *HWPh*, Bd.3, S.1217-1219. 後世への影響についてまとめたものとしては，G. Wenz, *a.a.O.*, S. 192 を参照。

6） 金子茂「解説 バゼドウと『新教育者たち』の活動について」，『世界教育学選集 49 バゼドウ，トラップ 国家と学校』，明治図書，1975 年，198 頁参照。

7） ニートハンマーは同書の第一章で「歴史的視点」から汎愛主義と人文主義の抗争を概観しているが，歴史記述的な考察から得られるのは結局のところ，「異論をあらかじめすでに統御しようという数多くの逃げ道，例外や修正に訴えることのみならず，抗争を際限なきものにするであろう誇張，一面性，偏見による反訴」（PH.35）の連鎖以上のものではないとし，むしろ両体系はひとえに「厳密に学問的な対立として」（PH.36）把握され吟味されなければならないと説く。ニートハンマーのテキストは Werner Hilbrecht, *Friedrich Immanuel Niethammer: Philanthropinismus - Humanismus*, Berlin, Basel: Julius Beltz, Weinheim,1968 を用いた。引用にさいしては PH. と略記し，オリジナル版の頁数を表記する。

8） このような人間的生の有機体的・合一的な捉え方には，ヘーゲル哲学の影響力を見てとることが十分にできると思われるが，本書ではさしあたり触れずに示唆するにとどめる。G. Wenz は，ニートハンマーの教養理論のうちに，ヘーゲルの思弁哲学の他にもヘルバルトの『一般教育学』（1806 年）やイェーナ時代に彫琢された宗教哲学的なカント理解の影響があることを認めている（vgl. G. Wenz, *a.a.O.*, S.196f.）。

9） 次の記述を参照。「今日では，こうした〔哲学の通俗化という〕目的に奉仕することにたいそう熟達した人々が至る所見いだされる。事態はおのずと個々の概念にも波及する。人は市民生活の中で長い間なじんでいるものに，個々の概念の名前をつけさえすればよい。(……) いまや理想という語は真理を自らのうちに何も含まないものを一般的に意味し，人間性（Humanität）という語は平凡なもの一般を意味すると思われるようになっている」(vgl. GW. IV, 125)。なおこの緒論は，テキスト編纂者によれば，主としてヘーゲルが書き，それにシェリングが加筆修正したものであり，両者の合作と見なすことができる。ヘーゲルの死後，この論文が『ヘーゲル全集』に収められるにあたって，シェリングは多くの箇所にヘーゲルの痕跡を認めながらも，内容に関しては間違いなく自分のものだと語ったという。詳細は以下を参照。Vgl. G.W.F.Hegel, *Jenaer Kritische Schriften (II)*, Neu herausgegeben von H. Brockard und H. Buchner, Hamburg: Felix Meiner, 1983, S. XVII f.

10） 『諸学部の争い』においてカントは事実的学問と哲学を明確に区別し，それぞれ上級三学部と下級学部と名づけた上で，両者の関係性を次のように捉えた。「大学には，そのような〔自由な〕部局が設けられていなければならない。すなわち哲学部がなけれ

ばならない。上級三学部に関して哲学が寄与するのは，上級三学部を統御し，まさにそのことによって三学部にとって有用となるという点である。なぜなら，すべて真理（学識一般の本質的にして第一の条件）こそが重要なのであって，他方で上級学部が政府のために約束する有用性は第二級の契機にすぎないからである」(vgl. KS. VI, 28)。

11）澁谷理江氏も，人格性概念の変遷という別の観点からではあるが，ニートハンマー批評にシェリング哲学の転回の契機を見ている。Vgl. Rie Shibuya, *Individualität und Selbstheit: Schellings Weg zur Selbstbildung der Persönlichkeit (1801-1810)*, Paderborn: Ferdinand Schöningh, 2005, S. 143ff.

12）一面的な功利主義精神に対する批判も『学問論』に引き続きなされている。「〔真実の意味とは〕まったく反対に，近頃は個別者にとってのみ役立つものがまさしく公益的と呼ばれてしまっている」(ibid.)。

13）Vgl. W. Hilbrecht, *a.a.O.*, S. 14.

II-6 哲学の〈学習〉としての体系

1）Vgl. August Wilhelm Schlegel, *Vorlesungen von 1798-1827: Vorlesungen über Enzyklopädie der Wissenschaften (1803)*, Bd.3 (Gebundene Ausgabe), Hrsg. v. Frank Jolles, Edith Höltenschmidt, Paderborn: Ferdinand Schöningh, 2006, S. 3.

2）カントは独自の新たなエンツュクロペディー概念を考案したというよりは，学校哲学の伝統と百科全書の概念を批判的に摂取して，自らの超越論的哲学の枠組みに組み込むことでエンツュクロペディーの概念を発展させた仲介者に位置づけられると言われる。Vgl. Ulrich Dierse, *Enzyklopädie: Zur Geschichte eines philosophischen und wissenschaftstheoretischen Begriffs*, Bonn: Bouvier, 1977, S. 91,101.

3）『純粋理性批判』（第二版，1787年）の「純粋理性の建築術」にも同様の論述が見られる。「すべての（アプリオリな）理性学問のうち，人が学習しるのはただ数学のみであり，他方で哲学（それが歴史的である場合は別として）はけっして学習することができず，理性に関して言えば，たかだか哲学することを学習することができるだけである」(KrV. B 865)。

4）「哲学は，どこにも具体的には与えられていない可能的な学問のひとつの単なる理念であるが，それでも長い時間をかけて，人はさまざまな道をたどって理念に近づこうと試みるのである。感性のせいでひどく雑草のはびこった唯一の道が見いだされ，これまで失敗してきた残像（Nachbild）を，人間に許されている限り原像に等しくすることに成功するそのときまでは。それまでは人はいかなる哲学をも学習することはできない」(KrV. B 866)。

5）Vgl. GW. V, 365-377.

6）Vgl. Werner Hilbrecht (Hrsg.), *Friedrich Immanuel Niethammer: Philanthropinismus - Humanismus*, Berlin, Basel: Julius Beltz, Weinheim, 1968, S. 65 f.

7）Vgl. GW. X, 644, 718 (Oberklasse Philosophiesche Enzyklopädie: Paragraphen zur philosophischen Enzyklopädie. Anmerkungen zur philosophischen Enzyklopädie・

Schülerheft 1812/13 Christian S. Meinel; Oberklasse Philosophiesche Enzyklopädie: Anmerkungen zur philosophischen Enzyklopädie・Schülerheft 1812/13 Julius Friedrich Heinrich Abegg).

8) イェーナ時代のアフォリズムでは，カントを名指して同様の批判がなされている。「カントが賛嘆の言葉とともに援用される。カントが教えるのは哲学することであって哲学ではない，と。まるで指物を教えることはあっても，机，椅子，ドア，棚等々を作ることは教えないかのようだ」(vgl. Johannes Hoffmeister (Hg.), *Dokumente zu Hegels Entwicklung*, Stuttgart 1936, S. 371)。

9) Vgl. G.W.F.Hegel, *Briefe von und an Hegel*, Hrsg. v. Johannes Hoffmeister, Bd.2, Hamburg: Meiner, 1953, S. 98f.

10) 詳細は，曽田長人『人文主義と国民形成——一九世紀ドイツの古典教養』，知泉書館，2005 年，89 頁以下（第一部第三章 形式的陶冶，ギリシャとドイツの親縁性）参照。

11) Vgl. Hans-Georg Gadamer, *Gasammelte Werke*, Bd.1, 5. Aufl., Tübingen: Mohr Siebeck, 1984, S. 17.（ハンス・ゲオルク・ガダマー『真理と方法Ⅰ』轡田収・麻生建・三島憲一・北川東子・我田広之・大石紀一郎訳，法政大学出版局，1986 年，12 頁以下参照）

12) この三契機に関しては第Ⅳ部で論じる。

13) 「哲学の勉強に際して主要な視点としてつねに注意されなければならないのは，ギムナジウムの勉強のうちこの教科における本質的な課題が，生徒を思弁的思考に導くこと，またそのなかで段階的な鍛錬を通じて，大学の授業がそれとともに始まる哲学の体系的な勉強のために生徒が熟達するところまで，生徒を指導することである」(vgl. Werner Hilbrecht, *a.a.O.*, S. 65)。

14) 「1810 年秋の『一般的規範』に対する公式説明では，全体を体系的に講義するのではなく，思弁的思考の実践的訓練を行うことが明確に告示されています。しかしこのことは，私には至難のことのように思われます。具体的な対象あるいは現実の関係を思弁的なものへと譲り渡し，思弁的に理解されるようにこれを標本化しておくことは，音楽の授業で，ある曲を通奏低音によって評価することと同じく最後のことです」(vgl. G.W.F.Hegel, *Briefe von und an Hegel*, Hrsg. v. Johannes Hoffmeister, Bd.1, Hamburg: Meiner, 1953, S. 397)。

15) R・ローティが「体系的哲学」と「啓発的哲学（edificational philosophy)」という区分を立てて，「体系的哲学」から「実存主義的態度」のみならず自己自身の教養形成という解釈学的態度をも切り離そうとするとき，思弁哲学の体系の閉塞性は一段と際立たされるように思われる。vgl. Richard Rorty, *Philosophy and the Mirror of Nature*, Princeton University Press, 1979.（リチャード・ローティ『哲学と自然の鏡』野家啓一監訳，産業図書，1993 年）

III 思弁と共同

1）「ヘーゲルの国家哲学は必然的な力の行使（Gewaltstreich）である。なぜ力の行使なのかと言うと，ヘーゲルの国家哲学は，ひとつの原理の合図で弁証法を止めてしまうのだが，この原理こそは，ヘーゲル自身による抽象的なものの批判にふさわしいものだからである。（……）とはいえ力の行使は必然だった。なぜなら，そうでなければ弁証法的原理が既存のもの（das Bestehende）を上回ってしまい，それゆえ絶対的同一性のテーゼを――この同一性は現実化されたものとしてのみ絶対的である，というのがヘーゲル哲学の核心なのだが――否定してしまうかも知れなかったからである」（vgl. Theodor W. Adorno, Drei Studien zu Hegel, In: *Gesammelte Schriften*, Bd.5, Frankfurt a. M.: Suhrkamp, 1970, S. 276.［テオドール・W・アドルノ『三つのヘーゲル研究』渡辺祐邦訳，ちくま学芸文庫，2006年，65頁以下参照）。

III-7 ギリシア的共同原理と近代国家の接点

1） 加藤尚武『ヘーゲル哲学の形成と原理』，未來社，1980年，211頁参照。
2）『キリスト教の実定性』（1795年）には，宗教的側面からではあるが，ギリシア的なものの回復を不可能とする論調がみられる（vgl. Sk.1,204）。また『ドイツ憲法論』（1799-1803年）では次のように，近代国家原理がポリスの直接民主制を取り戻すことができないということが述べられている。「もちろん今日の国家の大きさにしたがえば，各々の自由民が普遍的な国事についての評議と決定とに参加すべきだという理想の実現は徹頭徹尾不可能となり，国家権力は統治としての執行のためにも，またこれに関する決議のためにも，ひとつの中心点に集中していなくてはならなくなっている」（GW. V,172-173）。
3）『精神現象学』は1805年早期から1807年早期までに執筆され，「精神哲学草稿Ⅱ」は1805年秋から冬にかけて執筆，1806年夏学期講義で発表されている。詳細は，『ヘーゲル事典』（弘文堂，1992年）巻末のクロノロギーを参照。
4）『西洋古典叢書　アリストテレス　政治学』牛田徳子訳，京都大学学術出版会，2001年，10頁（A2, 1253a 20-29）参照。なお，訳語は少し変更させていただいた。
5）「自然法の学問的な取り扱い方，実践哲学におけるその地位および実定法学に対するその関係について」
6） フリードリヒⅡ世とフィヒテの国家論への批判については，『ドイツ憲法論』の次の記述を参照。「われわれの時代には，一方では自称哲学者かつ人権の教師によって主張されるような国家論〔フリードリヒⅡ世〕が，また他方では途方もない政治的実験において実現を見込んでいるような国家論〔フィヒテ〕があるが，それにしたがえば，われわれが国家権力の必然的概念から除外したもののうち――少なくとも言語，教養，習俗，宗教は例外だが――，その他のすべては最高国家権力の活動に直接服属されることになり，これらすべての側面がその最末端の糸に至るまで最高国家権力によって指示されることになっているのである」（GW.V,172）。

7) リーデルの次の指摘も参照。「ヘーゲルが古代のポリス的人倫の立場を，この時期ほど明確に定式化したことはなかった」(vgl. Manfred Riedel, *Studien zu Hegels Rechtsphilosophie*, Frankfurt a. M. : Suhrkamp, 1969, S. 52［『ヘーゲル法哲学――その成立と構造』清水正徳・山本道雄訳，福村出版，1976 年，58 頁］)。またイルティングも，「自然法論文」や『人倫の体系』を中心としたイェーナ時代前期の国家論について，「ヘーゲルの最初の政治哲学体系はアリストテレス政治学との原理的な一致を示している」と指摘している (vgl. K-H.Ilting, Hegels Auseinandersetzung mit der aristotelischen Politik, In: *Philosophisches Jahrbuch* 71, 1963/64, S. 43)。

8) ヘーゲルによるアリストテレステーゼの援用に言及している主な論究の特徴を，以下に簡単に紹介しておく。イルティングとボッビオは，アリストテレステーゼの三つの引用箇所を注記してはいるものの，その事実にヘーゲルのアリストテレス政治学への強固な傾倒を看取するにとどめ，「自然法論文」のアリストテレステーゼの読解に考察の力点をおいている (vgl. Ilting, a.a.O., S. 41 ff. ; Norberto Bobbio, Hegel und die Naturrechtslehre, In: *Materialien zu Hegels Rechtsphilosophie*, Hrsg. von Manfred Riedel, Frankfurt a. M. : Suhrkamp, 1975, Bd. 2, S. 86)。キンマーレは，イェーナ時代前期と後期との間にある哲学構想の転換を踏まえて，前期の国家論の古典政治学的偏向を特徴づけるものとして「自然法論文」のアリストテレステーゼを取り上げ，これを自己意識を重視する後期の国家論の傾向と対比させているが，後期に属する「精神哲学草稿Ⅱ」のアリストテレステーゼにはとくに注目していない (vgl. Heinz Kimmerle, Das Problem der Abgeschlossenheit des Denkens, In: *Hegel-Studien,* Beiheft 8, Hrsg. von Friedhelm Nicolin und Otto Pöggeler, Bonn : H.Bouvier u. Co., 1970, 2., erw. Aufl., 1982, S. 227)。フェラーリンは，アリストテレステーゼに内包される思想をヘーゲルが「自然法論文」および「人倫の体系」(1802/03 年) から終生称賛し続けたと述べ，個々の引用箇所へのこだわりはとくに見せていない (vgl. Alfredo Ferrarin, *Hegel and Aristotle*, Cambridge University Press, 2001, S. 358)。リーデルは，「自然法論文」，「精神哲学草稿Ⅱ」の両方のアリストテレステーゼに関して比較を主題化してこそいないが，各々の含意には注目しており，その精緻な洞察は本章の論旨にとって示唆に富むものであった (vgl. Riedel, a.a.O., S. 49 ff.［前掲書 55 頁以下参照］)。

9) 『アリストテレス全集 12 形而上学』出隆訳，岩波書店，1968 年，139 頁以下参照。なお，アリストテレスの「ピュシス」概念が内包する多様な意味については，R. G. Collingwood, *The Idea of Nature*, London: Oxford at the Clarendon Press, 1945, p. 80ff. (コリングウッド『自然の観念』平林康之・大沼忠弘訳，みすず書房，1974 年，123 頁以下) に明瞭なかたちでまとめられている。

10) イルティングによれば，アリストテレスが「ポリスは本性上いかなる個別者よりも先なるものである」と言うときには，とくに次の誤解が回避されなければならない。すなわち，あたかもポリス的共同体が人間的諸個人に先立って与えられるというような意味で，ポリスを「先なる (früher)」ものとして捉えることである (vgl. Ilting, a.a.O., S. 45)。

11) この観点は，シュテットラーの次の指摘から示唆を受けた。「近代的理解における意志概念は，アリストテレスにも古代哲学一般にもなかった」（vgl. Michael Städtler, *Die Freiheit der Reflexion*: Zum Zusammenhang der praktischen mit der theoretischen Philosophie bei Hegel, Thomas von Aquin und Aristoteles, “Hegel-Forschungen”, Hrsg. von Andreas Arnt, Karol Bal und Henning Ottmann, Berlin: Akademie, 2003, S. 221）。また，イェーダンの次の指摘も参照。「アリストテレスは，思惟活動を産むものとして理解されるような，自発的で活動的な主体の構想を何ら提供しない」（vgl. Christoph Jedan, *Willensfreiheit bei Aristoteles ?*, Göttingen: Vandenhoeck und Ruprecht, 2000, S. 105）。

12) この観点は次の欄外註からも裏づけられよう。「生成すべきものが前提されている。普遍性のために諸個人は合一する――目的」（GW. VIII, 257R.2）。ちなみに，「精神哲学草稿Ⅱ」において，主体の目的論的本質が概念として明確に扱われるようになったとの指摘もなされている（vgl. Ferrarin, *a.a.O.*, p. 409）。

13) 『哲学史講義』によるならば，国家の論じ方として，プラトンは「あるひとつの国家を描く」（Sk. XIX, 228）が，アリストテレスは「それに掛かり合わず，ただ国家体制の観点から最も優れた者たちが支配しなければならないということを規定するのみ」（ibid.）である。ヘーゲルはとくに後者の国家論について次のような評価を与えている。「彼の政治学は今日でもなお有益な国家の内面的諸契機に関する知見や，多様な諸制度の描写を含んでいる」（Sk. XIX, 227）。逆にプラトンの国家論についてとくに『精神哲学草稿Ⅱ』のヘーゲルは次のように述べ，近代国家論とは相容れないものとしてそこに限界を見ている。「プラトンは理想をうち立てたのではなく，彼の時代の国家をその内面において捉えた。しかしこの国家は過ぎ去ったものである。プラトンの共和制は実現不可能である」（GW. VIII, 263R.）。

III-8　ヘーゲルの「作品」論

1) こうした問いはヘーゲル哲学に終始付きまとうものであるといっても過言ではないだろう。たとえばルートヴィヒ・ジープの次の指摘を参照。「ヘーゲルの承認論においては結局，個別者が他ならぬ自己の個体性において承認されたり自己発見をしたりすることが問題なのではなく，むしろひとつの国民の構成員として承認されることが問題なのだ」（vgl. Ludwig Siep, *Praktische Philosophie im Deutschen Idealismus*, Frankfurt a. M. : Suhrkamp, 1992, S. 181）。

2) 「Werk」の訳語としては「仕事」という語が当てられる場合もあるが，本章ではよく使用される「作品」に統一した。

3) 『精神現象学』の章立ての上では次の箇所が該当する。「V 理性 C 即且つ対自的にそれ自身で実在するような個体性 a 精神的な動物の国と騙し，あるいは事柄そのもの」

4) 作品概念への論及は，『精神現象学』と『イェーナ体系構想Ⅰ』において見られる。後者においても「作品」という言葉は頻繁に使用されており，これが精神哲学の鍵概念をなしているのは確かである。しかしさしあたり，個別的な意識とその「作品」の関係そのものについて詳論しているのは前者であるといえる。

5) とはいえ，本章で考察したのは，作品をめぐって営まれる制作と享受の動的な連鎖であって，とりわけ「芸術作品（Kunstwerk）」において考慮されうるような，生み出された存在としてのひとつの作品そのものの意味づけ如何に関すること（作品それ自体の意義についての問題）はまた別問題となる。この点に関する考察は別の機会にゆずりたい。

IV　思弁の視野

1) ジャン・イポリット『マルクスとヘーゲル』（宇津木正・田口英治訳，法政大学出版局，1970 年）やM・メルロ＝ポンティ『意味と無意味』（滝浦静雄訳・木田元・粟津則雄・海老坂武訳，みすず書房，1983 年）を参照。

IV-9　思弁的思考と弁証法

1) 思弁哲学を批判する立場は，ドイツ啓蒙思想期にも，哲学の明快性を重視し日常的意識に定位して人間を論じようとする通俗哲学の名において形成されている。
2) たとえば次の研究が挙げられる。Vgl. Eugen Fink, *Sein und Mensch*: Vom Wesen der ontologischen Erfahrung, Hrsg. v. Egon Schütz und Franz-Anton Schwarz, Freiburg/München: Karl Alber, 2004, S. 186 ff.（オイゲン・フィンク『存在と人間——存在的経験の本質について』座小田豊・信太光郎・池田準訳，法政大学出版局，2007 年）ただし，ヘーゲル自身が認める思弁の抽象的側面が何を意味するかという問題には論及していない。
3) M・ホルクハイマーとT・W・アドルノそれぞれの以下の見解を参照。「相対主義に固有な，規定された認識・理念・目標に対する最終的な無関心も，概念的構造の実体化，すなわち固有の思考の歴史性に理論的にも実践的にも満足できないという独断論の無力も，ヘーゲルの哲学の特徴をよく示すものでもある」（vgl. Max Horkheimer, Zum Problem der Wahrheit, In: *Gesammelte Schriften*, Bd.3, Hrsg. v. Alfred Schmidt, Frankfurt a. M.: S. Fischer, 1988, S. 287f.［マックス・ホルクハイマー『批判的理論の論理学——非完結的弁証法の探求』角忍・森田数実訳，恒星社厚生閣，1998 年，127 頁］)。「ヘーゲルによれば，概念すなわち同一性を実現するには，非同一的なものが構成上必要である。同じく逆に，非概念的なものすなわち非同一的なものをはっきり意識するためには，概念が必要である。この弁証法概念はヘーゲルから守られなくてはならないであろう。ヘーゲルはこの弁証法概念を侵害しているわけではない。ヘーゲルが自分自身の弁証法概念を損なっているとすれば，それはただ，この概念が自らを最高の矛盾なき統一へと統合するものである点である」（Theodor W. Adorno, Drei Studien zu Hegel, In: *Gesammelte Schriften*, Bd.5, Frankfurt a. M. : Suhrkamp., 1970, S. 375.［テオドール・W・アドルノ『三つのヘーゲル研究』渡辺祐邦訳，ちくま学芸文庫，2006 年，277 頁］)。
4) 「三側面」の解釈については以下を参照。高橋里美は，「三側面」そのものを弁証法的運動として捉えることが弁証法の包括的理解につながるとし，さらにその運動はロゴ

ス，概念，精神の「活動方式」と考えるべきだと述べている（「ヘーゲルの弁証法の論理的構造に関する考察並びに批判」（1931 年），『高橋里美全集 第三巻 時間・歴史および弁証法』福村出版，1973 年，155 頁以下参照）。廣松渉も，「三側面」が個々独立の規定からなるヒエラルキーのような「三つのステップ」と誤解されることを避けるために，「階梯的に進展するとはいっても，“同じもの”についての規定の深化」を意味するのだという注釈を与えている（廣松渉『弁証法の論理』青土社，1989 年，132 頁参照）。

5）ヘーゲルは日常的場面で使われる Spekulation の用例（「政略結婚（Heiratsspekulation）」や「商業投機（Handelsspekulation）」）を挙げ，そこに次のような二つの根本的含意を認めている。「ひとつには，直接的に現前するものが超えられるはずだということ，またもうひとつには，そのような［「政略結婚」や「商業投機」のような］Spekulation の内容をなすものは，さしあたりは主観的なものにすぎないが，しかし主観的なものにとどまるべきでなく，実現され，客観性へと越えられるはずだということである」（GW. XX, § 82 Z.）。

6）旧約聖書「コヘレトの言葉」1 : 2-1 : 9 などを参照。「コヘレトは言う。なんという空しさ／なんという空しさ，すべては空しい。／太陽の下，人は労苦するが／すべての労苦も何になろう。／一代過ぎればまた一代が起こり／永遠に耐えるのは大地。（……）何もかも，もの憂い。／語り尽くすこともできず／目は見飽きることなく／耳は聞いても満たされない。／かつてあったことは，これからもあり，／かつて起こったことは，これからも起こる。／太陽の下，新しいものは何ひとつない。（……）わたしは心にこう言ってみた。『見よ，かつてエルサレムに君臨した者のだれにもまさって，わたしは知恵を深め，大いなるものとなった』と。わたしの心は知恵と知識を深く見極めたが，熱心に求めて知ったことは，結局，知恵も知識も狂気であり愚かであるにすぎないということだ。これも風を追うようなことだと悟った。／知恵が深まれば悩みも深まり／知識が増せば痛みも増す」（新共同訳『聖書』日本聖書協会，1034 頁以下）。

IV-10　理性の思弁と脱自

1）Vgl. H. M. Baumgartner, *Endliche Vernunft: Zur Verständigung der Philosophie über sich selbst*, Bonn Berlin: Bouvier, 1991.（ハンス・ミヒャエル・バウムガルトナー『有限な理性』河村克俊・長島隆・多田茂・御子柴善之訳，晃洋書房，1997 年）

2）Vgl. K. Jaspers, *Vernunft und Existenz: fünf Vorlesung*, 3. Aufl., Bremen: Storm, 1949（『ヤスパース選集 29 理性と実存』草薙正夫訳，理想社，1972 年）; K.Jaspers, *Vernunft und Widervernunft in unserer Zeit*, München: Piper 1950（『ヤスパース選集 30 現代における理性と反理性』橋本文夫訳，理想社，1974 年）.

3）Vgl. K. Rosenkranz, *G. W. F.Hegels Leben*, Darmstadt: Wissenschaftliche Buchgesellschaft, 1977, S. XXIV.　ローゼンクランツの伝えるところでは，当時ベルリン大学で「啓示の哲学」等を講じていたシェリングは自らの哲学を「現実存在の哲学」と称していた。ヤスパースはこの伝承を典拠としている。

4)　Vgl. K. Jaspers, *Schelling: Grösse und Verhängnis*, München: Piper, 1955, S. 343.（カール・ヤスパース『シェリング』那須政玄・高橋章仁・山本冬樹訳，行人社，2006 年，464 頁参照）

5)　クラウス・デュージングがすでに，ヘーゲルの後期の思弁哲学とシェリングの積極哲学のうちに，自己関係的主観性と絶対的なものとの関係を規定しようとする観念論の基礎づけ問題への共通の取り組みが存することを認めている。ただしシェリングの〈理性の脱自〉には論及していない（vgl. K. Düsing, Spekulative Logik und Positive Philosophie: Thesen zur Auseinandersetzung der späten Schelling mit Hegel, In: *Hegel-Studien*, Beiheft 17, Bonn 1977, S. 117-128）。なお脱自概念を論じた代表的な文献としてはたとえばヴァルター・シュルツの研究がある（vgl. W. Schulz, *Die Vollendung des Deutschen Idealismus in der Spätphilosophie Schellings*, Stuttgart: Kohlhammer 1955, S. 61 f.; 123f.）。

6)　ソロモンの言葉に関しては第 9 章の註 6）を参照。

7)　ブリンクマンによれば，脱自の意味は，理性が積極哲学へと移行し，この哲学の合理性を再び保持するということではない。むしろ理性自身においておこなわれる移行は存在しえず，後退（Umkehr）だけが存在すると言われる（vgl. K. Brinkmann, Schellings Hegel-Kritik, In: *Die Ontologische Option*, K. Hartmann (Hrsg.), Berlin, New York 1979, S. 137f.）。

8)「あの自己放棄（Selbstaufgegebenheit），あの脱自において，私は私として，自らを完全な無知として認識するのであるが，そこでは私にとって，直接的にあの絶対的主観が最高の実在性になる。私は，（あの脱自における）私の無知を通じて絶対的主観を定立する。私にとってあるのは，私が知りつつ（wissend）知る客観ではなく，私が知らずして（nichtwissend）知り，まさしく私の無知を通じて定立する絶対的主観である」（SW. IX, 233）。

9)　Vgl. D.Henrich, Hegels Theorie über den Zufall, In: *Hegel im Kontext,* Frankfurt a. M.: Suhrkamp, 1971, S. 157-186.（ディーター・ヘンリッヒ『ヘーゲル哲学のコンテクスト』中埜肇 監訳，哲書房，1987 年）

IV-11　ヘーゲルの思弁哲学における命題・叙述・言語

1)「〔注釈者たちの〕嘆きは彼〔ヘーゲル〕を喜ばせるだろう。というのも後に見るように，理解不可能性はいわば体系それ自体によって予見されていたものだからである。しかし，人為的で抽象的な言語を語り，抽象的な用語法を用いているという批判は，彼を憤慨させたであろう。実際，ヘーゲルはそのようなことはまったくしていないと考えていた」。Vgl. Alexandre Koyré, Note sur la langue et la terminologie hégéliennes, in: *Revue philosophique de la France et de l'étranger*, n. 112, Paris 1931, p. 410. ヘーゲルの言語を揶揄するものとしては，ほかにもショーペンハウアーによる次の発言がある。「空疎ながらくたのような言葉（der hohle Wortkram），すなわちヘーゲルの戯言（Wischiwaschi）が今日流行となっており，誰でもそこから自分のお望みのものを作り

だすことができる（……）」（Arthur Schopenhauer, *Über die vierfache Wurzel des Satzes vom zureichenden Grunde: Eine philosophische Abhandlung,* Zweite, sehr verbesserte und beträchtlich vermehrte Auflage, Frankfurt a. M. 1847, S. 118）。

2） Theodor W. Adorno, Drei Studien zu Hegel, in: *Gesammelte Schriften*, Bd.5, Frankfurt a. M.: Suhrkamp, 1970,S. 328.（テオドール・W・アドルノ『三つのヘーゲル研究』渡辺祐邦訳，ちくま学芸文庫，2006 年）

3） Hans-Georg Gadamer, *Gesammelte Werke* Bd. 1, Tübingen: J.C.B. Mohr (Paul Siebeck), 1990, S. 472.（ハンス＝ゲオルク・ガダマー『真理と方法 Ⅲ』轡田収・三浦國泰・巻田悦郎訳，法政大学出版局，2012 年，803 頁以下参照。）

4） *a.a.O.* S. 473.（同書，804 頁参照。）

結　論

1） とはいえ，こうした全体的な徴表には回収することのできない，思弁的思考への積極的なアプローチも視野に入れておくべきだろう。たとえば，現代ドイツの哲学教授法研究では，現象学，解釈学，分析哲学，思弁哲学等といったさまざまな哲学ジャンルを思考の諸能力（Kompetenzen）や問いの方式に還元して，哲学教育の実践のなかで効果的に用いようとする試みがしばしば見られるが，そうした一連の実践モデルに「思弁的方法」や「思弁」が組み込まれている例がある。哲学教授法研究者エッケハルト・マーテンスは，「思弁的方法」について，「想像や思いつきを許容し，これらを加工すること（Phantasien und Einfälle zulassen und bearbeiten）」と定義し，思弁的問いを，「もしそうなら，あるいはそうでないなら，何だというのだろう？」という平易な表現であらわしている。ここで言われている「思弁」は必ずしもヘーゲル的な含意を十全に反映しているわけではないかもしれないが，この思考が哲学的教養形成の最後の段階に位置づけられていることは注目に値する。Vgl. Ekkehard Martens, “Das Schiff des Theseus” – integratives Philosophieren mit Kindern und Jugendlichen zwischen Denktraining und Happening, In: *Philosophie und Bildung*, Ekkehard Martens, Christian Gefert, Volker Steenblock (Hrsg.), Münster: Lit Verlag, 2005, S. 261f.

文献一覧

ヘーゲル

Das älteste Systemprogramm des deutschen Idealismus (1796), In: *Mythologie der Vernunft: Hegels »ältestes Systemprogramm des deutschen Idealismus«*, Hrsg. v. Christoph Jamme und Helmut Schneider, Frankfurt a. M. : Suhrkamp, 1984.（「ドイツ観念論最古の体系計画」神林恒道訳『ドイツ・ロマン派全集 09』薗田宗人・深見茂編，国書刊行会，1984 年）

Systemfragment von 1800 (1800), In: *Gesammelte Werke*, Bd. II, Hrsg. v. Walter Jaeschke, Hamburg: Meiner, 2014.（『初期神学論集 I』水野建雄訳，以文社，1973 年）

Differenz des Fichte'schen und Schelling'schen Systems der Philosophie (1801), In: *Gesammelte Werke*, Bd. IV, Hrsg. v. Hartmut Buchner und Otto Pöggeler, Hamburg: Meiner, 1968.（『理性の復権――フィヒテとシェリングの差異』山口祐弘・星野勉・山田忠彰訳，批評社，1994 年）

Über das Wesen der philosophischen Kritik (1801/02), In: *Gesammelte Werke*, Bd. IV, Hrsg. v. Hartmut Buchner und Otto Pöggeler, Hamburg: Meiner, 1968.（「哲学的批判一般の本質について」加藤尚武・門倉正美・栗原隆・奥谷浩一訳，『懐疑主義と哲学との関係』未來社，1991 年）

Wie der gemeine Menschenverstand die Philosophie nehme (1801/02), In: *Gesammelte Werke*, Bd. IV, Hrsg. v. Hartmut Buchner und Otto Pöggeler, Hamburg: Meiner, 1968.（「常識は哲学をどのように理解しているか」加藤尚武・門倉正美・栗原隆・奥谷浩一訳，『懐疑主義と哲学との関係』未來社，1991 年）

Reinschriftfragmente zur Schrift über die Verfassung Deutschlands (1802/03), In: *Gesammelte Werke*, Bd. V, Hrsg. v. Manfred Baum, Hamburg: Meiner, 1998.（『ヘーゲル政治論文集（上）』金子武蔵訳，岩波文庫，1967 年）

Glauben und Wissen (1802), In: *Gesammelte Werke*, Bd. IV, Hrsg. v. Hartmut Buchner und Otto Pöggeler, Hamburg: Meiner, 1968.（『信仰と知』久保陽一訳，公論社，1976/1980 年；『信仰と知』上妻精訳，岩波書店，1993 年）

Über die wissenschaftlichen Behandlungsarten des Naturrechts (1802/03), In: *Gesammelte Werke*, Bd. IV, Hrsg. v. Hartmut Buchner und Otto Pöggeler, Hamburg: Meiner, 1968.（『近代自然法批判』松富弘志訳，世界書院，1995 年）

Jenaer Systementwürfe I (1803/04), In: *Gesammelte Werke*, Bd. VI, Hrsg. v. Klaus Düsing und Heinz Kimmerle, Hamburg: Meiner, 1975.（『イェーナ体系構想――精神哲学草稿 I・II』加藤尚武監訳・座小田豊・栗原隆・滝口清栄・山﨑純訳，法政大学出版局，1999 年）

Jenaer Systementwürfe III (1805/06), In: *Gesammelte Werke*, Bd. VIII, Hrsg. v. Rolf Peter Horstmann und Mitarbeit von Johann Heinrich Trede, Hamburg: Meiner, 1976.（『イェーナ体系構想――精神哲学草稿Ⅰ・Ⅱ』加藤尚武監訳・座小田豊・栗原隆・滝口清栄・山﨑純訳，法政大学出版局，1999 年）

Über »speculative Philosophie«. Aus Jenaer Vorlesungen, In: *Gesammelte Werke*, Bd. V, Hrsg. v. Manfred Baum, Hamburg: Meiner, 1998.

Phänomenologie des Geistes (1807), In: *Gesammelte Werke*, Bd. IX, Hrsg. v. Wolfgang Bonsiepen und Reinhard Heede, Hamburg: Meiner, 1976.（『精神の現象学 上・下』金子武蔵訳，岩波書店，1976 年；『精神現象学 上・下』樫山欽四郎訳，平凡社ライブラリー，1997 年）

Vorlesungen über die Geschichte der Philosophie (1819, 1820/21), In: *Gesammelte Werke*, Bd. XXX, 1 , Hrsg. v. Klaus Grotsch, Hamburg: Meiner, 2016.

Wissenschaften auf Gymnasien. Privatgutachten an Immanuel Niethammer vom 23. Oktober 1812, In: *Gesammelte Werke*, Bd. X, 2, Hrsg. v. Klaus Grotsch, Hamburg: Meiner, 2006.（「ギムナジウムにおける哲学の授業について。バイエルン王国上席教育顧問官，イマヌエル・ニートハンマーへの私的報告書」上妻精訳，『ヘーゲル教育論集』国文社，1988 年）

Rede vom 29. September 1809, In: *Gesammelte Werke*, Bd. X, 1, Hrsg. v. Klaus Grotsch, Hamburg: Meiner, 2006.（「1809 年 9 月 29 日のギムナジウム卒業式での式辞」上妻精訳，『ヘーゲル教育論集』国文社，1988 年）

Oberklasse Philosophische Enzyklopädie: Paragraphen zur philosophischen Enzyklopädie. Anmerkungen zur philosophischen Enzyklopädie, Schülerheft 1812/13 Christian S. Meinel, In: *Gesammelte Werke*, Bd. X, 2, Hrsg. v. Klaus Grotsch, Hamburg: Meiner, 2006.

Oberklasse Philosophische Enzyklopädie: Anmerkungen zur philosophischen Enzyklopädie, Schülerheft 1812/13 Julius Friedrich Heinrich Abegg, In: *Gesammelte Werke*, Bd. X, 2, Hrsg. v. Klaus Grotsch, Hamburg: Meiner, 2006.

Grundlinien der Philosophie des Rechts (1821), In: *Gesammelte Werke*, Bd. XIV, Hrsg. v. Klaus Grotsch und Elisabeth Weisser-Lohmann, Hamburg: Meiner, 2009.（『法の哲学』藤野渉・赤松正敏訳，中央公論社，1967 年）

Enzyklopädie der philosophischen Wissenschaften Grundrisse (1830), In: *Gesammelte Werke*, Bd. XX, Unter Mitarbeit von Udo Rameil hrsg. v Wolfgang Bonsiepen und Hans Christian Lucas, Hamburg: Meiner, 1992.（『小論理学 上・下』松村一人訳，岩波文庫，1951/52 年；『精神哲学 上・下』船山信一訳，岩波文庫，1965 年）

Wissenschaft der Logik (1832), In: *Gesammelte Werke*, Bd. XXI, Hrsg. v. Friedrich Hogemann und Walter Jaeschke, Hamburg: Meiner, 1984.（『大論理学 上 1・2』武市健人訳，岩波書店，1958/1960 年）

G. W. F. Hegel, *Briefe von und an Hegel*, Hrsg. v. Johannes Hoffmeister, Hamburg: Meiner, 1969.

Johannes Hoffmeister (Hg.), *Dokumente zu Hegels Entwicklung*, Stuttgart: Fr. Fommanns Verlag, 1936.

フィヒテ

Grundlage der gesammten Wissenschaftslehre. Als Handschrift für seine Zuhörer (1794), In: *Gesamtausgabe der Bayerischen Akademie der Wissenschaften*, Bd. I 2, Hrsg. v. Hans Jacob und Reinhard Lauth unter Mitwirkung von Manfred Zahn, Stuttgart – Bad Canstatt: frommann-holzboog, 1965.（『全知識学の基礎』隈元忠敬訳，『フィヒテ全集 第 4 巻』哲書房，1997 年）

Vergleichung des vom Hrn. Prof. Schmid aufgestellten Systems mit der Wissenschaftslehre (1796), In: *Gesamtausgabe der Bayerischen Akademie der Wissenschaften*, Bd. II 3, Hrsg. v. Reinhard Lauth und Hans Jacob unter Mitwirkung von Hans Gliwitzky und Peter Schneider, Stuttgart – Bad Canstatt: frommann-holzboog, 1971.（「シュミット教授によって樹立された体系と知識学との比較」栗原隆・阿部ふく子訳，『フィヒテ全集 第 10 巻』哲書房，2015 年）

シェリング

Darstellung meines Systems der Philosophie (1801), In: *F. W. J. von Schellings sämmtliche Werke*, Bd. I/4, Hrsg. v. Karl F. August Schelling, Stuttgart / Augsburg: J. G. Cotta, 1859.（『私の哲学体系の叙述』北澤恒人訳，『シェリング著作集 第 3 巻』燈影舎，2006 年）

Fernere Darstellungen aus dem System der Philosophie (1802), In: *F. W. J. von Schellings sämmtliche Werke*, Bd. I/4, Hrsg. v. Karl F. August Schelling, Stuttgart / Augsburg: J. G. Cotta, 1859.（『哲学体系の詳述』石川求・伊坂青司訳，『シェリング著作集 第 3 巻』燈影舎，2006 年）

Bruno, oder über das göttliche und natürliche Prinzip der Dinge (1802), In: *F. W. J. von Schellings sämmtliche Werke*, Bd. I/4, Hrsg. v. Karl F. August Schelling, Stuttgart / Augsburg: J. G. Cotta, 1859.（『ブルーノ』茅野良男訳，『世界の名著 43 フィヒテ・シェリング』中央公論社，1980 年）

Vorlesungen über die Methode des akademischen Studiums (1802/03), In: *F. W. J. von Schellings sämmtliche Werke*, Bd. I/5, Hrsg. v. Karl F. August Schelling, Stuttgart / Augsburg: J. G. Cotta, 1859.（『学問論』勝田守一訳，岩波文庫，1957 年）

Aphorismen zur Einleitung in die Naturphilosophie (1806), In: *F. W. J. von Schellings sämmtliche Werke*, Bd. I/7, Hrsg. v. Karl F. August Schelling, Stuttgart / Augsburg: J. G. Cotta, 1856.

Über das Wesen der menschlichen Freiheit (1809), In: *F. W. J. von Schellings sämmtliche Werke*, Bd. I/7, Hrsg. v. Karl F. August Schelling, Stuttgart / Augsburg: J. G. Cotta, 1860.（『人間的自由の本質とそれに関連する諸対象についての哲学的探求』藤田正勝訳，『シェリング著作集 第 4a 巻』燈影舎，2011 年）

Philosophie der Kunst (1802/03), In: *F. W. J. von Schellings sämmtliche Werke*, Bd. I/5, Hrsg. v. Karl F. August Schelling, Stuttgart / Augsburg: J. G. Cotta, 1859.（『芸術の哲学』小田部胤久・西村清和訳，『シェリング著作集 第3巻』燈影舎，2006年）

Rezension aus der Jenaischen Allgemeinen Literaturzeitung. Der Streit des Philanthropinismus und Humanismus in der Theorie des Erziehungsunterrichts unserer Zeit, dargestellt von Friedrich Immanuel Niethammer (1808), In: *F. W. J. von Schellings sämmtliche Werke*, Bd. I/7, Hrsg. v. Karl F. August Schelling, Stuttgart / Augsburg: J. G. Cotta, 1860.（「フリードリヒ・イマヌエル・ニートハンマー著『現代の教育教授理論における汎愛主義と人文主義の抗争』への批評」，阿部ふく子［訳・解題］，『世界の視点 知のトポス』新潟大学人文学部哲学・人間学研究会編，第4号，2009年，pp.79-116）

Über die Natur der Philosophie als Wissenschaft (1821), In: *F. W. J. von Schellings sämmtliche Werke*, Bd. I/9, Hrsg. v. Karl F. August Schelling, Stuttgart / Augsburg: J. G. Cotta, 1861.

Darstellung des philosophischen Empirismus (1836), In: *F. W. J. von Schellings sämmtliche Werke*, Bd. I/10, Hrsg. v. Karl F. August Schelling, Stuttgart / Augsburg: J. G. Cotta, 1861.（『哲学的経験論の叙述』岩崎武雄訳，『世界の名著 43 フィヒテ・シェリング』中央公論社，1980年）

Philosophie der Offenbarung (1842/43), In: *F. W. J. von Schellings sämmtliche Werke*, Bd. II/3, Hrsg. v. Karl F. August Schelling, Stuttgart / Augsburg: J. G. Cotta, 1858.（『啓示の哲学』諸岡道比古訳，『シェリング著作集 第5b巻』燈影舎，2007年）

カント

Kritik der reinen Vernunft (1787), In: *Kant's gesammelte Schriften*, Bd. III, Hrsg. v. Königlich Preußischen Akademie der Wissenschaften (und Nachfolgern), Berlin 1904.

Der Streit der Fakultäten (1798), In: *Kant's gesammelte Schriften*, Bd. VII, Hrsg. v. Königlich Preußischen Akademie der Wissenschaften (und Nachfolgern), Berlin 1917.

Vorlesungen über Philosophische Enzyklopädie (1767/68-1781/82), In: *Kant's gesammelte Schriften*, Bd. XXIX, Hrsg. v. Königlich Preußischen Akademie der Wissenschaften (und Nachfolgern), Berlin 1961.（『哲学的エンチュクロペディー講義』城戸淳訳，『世界の視点 変革期の思想』新潟大学大学院現代社会文化研究科共同研究プロジェクト「世界の視点をめぐる思想史的研究」2004年）

その他

Adorno, Theodor W., Drei Studien zu Hegel, In: *Gesammelte Schriften*, Bd.5, Frankfurt a. M. : Suhrkamp, 1970.（テオドール・W・アドルノ『三つのヘーゲル研究』渡辺祐邦訳，ちくま学芸文庫，2006年）

Adorno, Theodor W., Negative Dialektik, In: *Gesammelte Schriften*, Bd.6, Frankfurt a. M. : Suhrkamp, 1970, S.27.（テオドール・W・アドルノ『否定弁証法』木田元・徳永恂・渡辺祐邦・三島憲一・須田朗・宮武昭訳，作品社，1996年）

Arendt, Hannah, *The Life of the Mind*, New York: Harcourt Brace Jovanovich, 1978.（ハンナ・アーレント『精神の生活（上・下）』佐藤和夫訳，岩波書店，1994 年）
Bacon, Francis, *Novum Organum* I, Aphorism 73, In: *The Works of Francis Bacon*, vol. I, edited by James Spedding, Robert Leslie Ellis and Douglas Denon Heath, Boston 1857.（フランシス・ベーコン『ノヴム・オルガヌム』桂寿一訳，岩波文庫，1978 年）
Baumgartner, Hans Michael, *Endliche Vernunft: Zur Verständigung der Philosophie über sich selbst*, Berlin/ Bonn: Bouvier, 1991.（ハンス・ミヒャエル・バウムガルトナー『有限な理性』河村克俊・長島隆・多田茂・御子柴善之訳，晃洋書房，1997 年）
Bobbio, Norberto, Hegel und die Naturrechtslehre, In: *Materialien zu Hegels Rechts-philosophie*, Hrsg. von Manfred Riedel, Frankfurt a. M.: Suhrkamp, 1975.
Böhr, Christoph, *Philosophie für Welt: Die Popularphilosophie der deutschen Spätaufklärung im Zeitalter Kants*, Stuttgart: frommann – holzboog, 2003.
Brinkmann, Klaus, Schellings Hegel-Kritik, In: *Die Ontologische Option: Studien zu Hegels Propädeutik, Schellings Hegel-Kritik und Hegels Phänomenologie des Geistes*, K. Hartmann (Hrsg.), Berlin/ New York, 1979.
Collingwood, Robin George, *The Idea of Nature*, London: Oxford at the Clarendon Press, 1945.（コリングウッド『自然の観念』平林康之・大沼忠弘訳，みすず書房，1974 年）
Dierse, Ulrich, *Enzyklopädie: Zur Geschichte eines philosophischen und wissenschafts-theoretischen Begriffs*, Bonn: Bouvier, 1977.
Düsing, Klaus, Spekulative Logik und Positive Philosophie: Thesen zur Auseinandersetzung der späten Schelling mit Hegel, In: *Hegel-Studien*, Beiheft 17, Bonn 1977.
Engel, Johann Jakob (Hg.), *Der Philosoph für die Welt*, Bd. 1, Leipzig 1775.
Ferrarin, Alfredo, *Hegel and Aristotle*, Cambridge University Press, 2001.
Fink, Eugen, *Sein und Mensch*: Vom Wesen der ontologischen Erfahrung, Hrsg. v. Egon Schütz und Franz-Anton Schwarz, Freiburg/ München: Karl Alber, 2004.（オイゲン・フィンク『存在と人間――存在論的経験の本質について』座小田豊・信太光郎・池田準訳，法政大学出版局，2007 年）
Gadamer, Hans-Georg, Wahrheit und Methode, In: *Gasammelte Werke*, Bd.1, 5. Aufl., Tübingen: Mohr Siebeck, 1984.（ハンス・ゲオルク・ガダマー『真理と方法 I』轡田収・麻生建・三島憲一・北川東子・我田広之・大石紀一郎訳，法政大学出版局，1986 年；『真理と方法 III』轡田収・三浦國泰・巻田悦郎訳，法政大学出版局，2012 年）
Grimmlinger, Friedrich, Zum Begriff der Spekulation bei Hegel, In: *Wiener Jahrbuch für Philosophie* Bd.10, 1977, S. 177-207.
Henrich, Dieter, *Hegel im Kontext,* Frankfurt a. M.: Suhrkamp, 1971.（ディーター・ヘンリッヒ『ヘーゲル哲学のコンテクスト』中埜肇監訳，哲書房，1987 年）
―：*Konstellationen: Probleme und Debatten am Ursprung der idealistischen Philosophie (1789-1795)*, Stuttgart: Klett-Cotta, 1991.

Hinske, Norbert, Einleitung, In: *Carl Christian Erhard Schmid, Wörterbuch zum leichtern Gebrauch der Kantischen Schriften*, Neu herausgegeben, eingeleitet und mit einem Personenregister versehen von Norbert Hinske, Dritte, Um ein Nachwort ergänzte Auflage,: Darmstadt Wissenschaftliche Buchgesellschaft, 1998.

Hölderlin, Friedrich, *Sämtliche Werke*, Bd.4, Der Tod des Empedokles. Aufsätze., Hrsg. v. F. Beißner, Stuttgart 1962.（ヘルダーリン『省察』武田竜弥訳，論創社，2003 年）

Holzhey, Helmut, Der Philosoph für die Welt - eine Chimäre der deutschen Aufklärung?, In: *Esoterik und Exoterik der Philosophie*, Hrsg. v. Helmut Holzhey und Walter Ch. Zimmerli, Basel/Stuttgart: Schwabe, 1977.

Horkheimer, Max, Zum Problem der Wahrheit, In: *Gesammelte Schriften*, Bd.3, Hrsg. v. Alfred Schmidt, Frankfurt a. M. : S. Fischer, 1988.（マックス・ホルクハイマー『批判的理論の論理学――非完結的弁証法の探求』角忍・森田数実訳，恒星社厚生閣，1998 年）

Hume, David, A Treatise of Human Nature, In: *David Hume, Philosophical Works* vol. 1, ed. by Thomas Hill Green and Thomas Hodge Grose, London: Scientia Verlag Aalen, 1992.

Ilting, Karl-Heinz, Hegels Auseinandersetzung mit der aristotelischen Politik, In: *Philosophisches Jahrbuch* 71, 1963/64.

Jacobi, Friedrich Heinrich, *David Hume über den Glauben oder Idealismus und Realismus. Ein Gespräch*, Breslau 1787.（F・H・ヤコービ『信念をめぐるデヴィッド・ヒュームもしくは観念論と実在論』栗原隆・阿部ふく子・福島健太訳（部分訳），『世界の視点 知のトポス』新潟大学人文学部哲学・人間学研究会編，第 6 号，23-88 頁，2011 年）

― : *Über die Lehre des Spinoza in Briefen an Herrn Moses Mendelssohn*, Auf der Grundlage der Ausg. von Klaus Hammacher und Irmgard-Maria Piske bearb. von Marion Lauschke, Hamburg: Meiner, 2000.

― : Sendschreiben an Fichte, in: *J.G.Fichte - Gesamtausgabe der Byerischen Akademie der Wissenschaften*, Bd. III-3, Hrsg. von Reinhard Lauth und Hans Gliwitzky, Stuttgart: Friedrich Frommann, 1972.（F・H・ヤコービ『フィヒテ宛て公開書簡』栗原隆・阿部ふく子訳，『フィヒテ全集 第 10 巻』哲書房，2015 年，302-392 頁）

Jaspers, Karl, *Schelling: Grösse und Verhängnis*, München: Piper, 1955.（カール・ヤスパース『シェリング』那須政玄・高橋章仁・山本冬樹訳，行人社，2006 年）

― : *Vernunft und Existenz: fünf Vorlesung*, 3.Aufl.,Bremen: Storm 1949.（『ヤスパース選集 29 理性と実存』草薙正夫訳，理想社，1972 年）

― : *Vernunft und Widervernunft in unserer Zeit*, München: Piper 1950.（『ヤスパース選集 30 現代における理性と反理性』橋本文夫訳，理想社，1974 年）

Jedan, Christoph, *Willensfreiheit bei Aristoteles ?*, Göttingen: Vandenhoeck und Ruprecht, 2000.

Kimmerle, Heinz, Das Problem der Abgeschlossenheit des Denkens, In: *Hegel-Studien,* Beiheft 8, Hrsg. von Friedhelm Nicolin und Otto Pöggeler, Bonn: H.Bouvier, 1970, 2., erw. Aufl., 1982.

Koyré, Alexandre Note sur la langue et la terminologie hégéliennes, In: *Revue philosophique de la France et de l'étranger*, n. 112, Paris 1931, pp.409-439.

Krings, Hermann, Über Esoterik und Exoterik der Philosophie, In: *Wozu Philosophie? : Stellungnahmen eines Arbeitskreises*, Hermann Lübbe (Hrsg.), Berlin/ New York: Walter de Gruyter, 1978, S.148-162.

Krug, Wilhelm Traugott, *Allgemeines Handwörterbuch der philosophischen Wissenschaften nebst ihrer Literatur und Geschichte*, vol. 4, 2 Aufl. Leipzig 1834.

Kuehn, Manfred, *Scottish Common Sense in Germany*, 1768-1800, McGill Queen's University Press, 1987.

Martens, Ekkehard, "Das Schiff des Theseus" – integratives Philosophieren mit Kindern und Jugendlichen zwischen Denktraining und Happening, In: *Philosophie und Bildung*, Ekkehard Martens, Christian Gefert, Volker Steenblock (Hrsg.), Münster: Lit, 2005, S.253-263.

Mendelssohn, Moses, Über die Frage: was heißt aufklären? , In: *Berlinische Monatschrift*, Nr.9, September 1784, S. 193-200.

Millán - Zaibert, Elizabeth, *Friedrich Schlegel and the Emergence of Romantic Philosophy*, State University of New York Press, 2007.

Niethammer, Friedrich Immanuel, Vorbericht über Zweck und Einrichtung dieses Journals, In: *Philosophisches Journal einer Gesellschaft Teutscher Gelehrten*, Erster Band, Jena 1795,

— : Von den Ansprüchen des gemeinen Verstandes an die Philosophie, In: *Philosophisches Journal einer Gesellschaft Teutscher Gelehrten*, Erster Band, Jena 1795, s. 1-45.

— : *Friedrich Immanuel Niethammer: Philanthropinismus - Humanismus*, Werner Hilbrecht (Hrsg.), Berlin/ Basel: Julius Beltz, Weinheim, 1968.

Reid, Thomas, An Inquiry into the Human Mind on the Principles of the Common Sense, In: *The Works of Thomas Reid* vol. 1, ed. by Sir William Hamilton, Bristol: Thoemmes Press, 1944.（トマス・リード『心の哲学』朝広謙次郎訳，知泉書館，2004 年）

— : Essays on the intellectual Powers of Man, In: *The Works of Thomas Reid* vol. 1, ed. by William Hamilton, Bristol: Thoemmes Press, 1994.

Reinhold, Karl Leonhard, Gedanken über Aufklärung, In: *Der Teutsche Merkur*, Juli, August, September 1784.

Riedel, Manfred, S*tudien zu Hegels Rechtsphilosophie*, Frankfurt a. M.: Suhrkamp, 1969.（マンフレッド・リーデル『ヘーゲル法哲学——その成立と構造』清水正徳・山本道雄訳，福村出版，1976 年）

Rorty, Richard, *Philosophy and the Mirror of Nature*, Princeton University Press, 1979.（リチャード・ローティ『哲学と自然の鏡』野家啓一監訳，産業図書，1993 年）

Rosenkranz, Karl, *G. W. F. Hegels Leben*, Darmstadt: Wissenschaftliche Buchgesellschaft, 1977.（カール・ローゼンクランツ『ヘーゲル伝』中埜肇訳，みすず書房，1983 年）

Ruberg, Christiane, *Wie ist Erziehung möglich?: Moralerziehung bei den frühen pädagogischen*

Kantianern, Bad Heilbrunn: Julius Klinkhardt, 2002.

Schiller, Friedrich, *Gesammelte Werke*, Bd.8, Berlin 1959.

Schlegel, August Wilhelm, *Vorlesungen von 1798-1827: Vorlesungen über Enzyklopädie der Wissenschaften (1803)*, Bd.3 (Gebundene Ausgabe), Hrsg. v. Frank Jolles, Edith Höltenschmidt, Paderborn: Ferdinand Schöningh, 2006.

Schneiders, Werner, *Philosophische der Aufklärung – Aufklärung der Philosophie: Gesammelte Studien*, Hrsg. v. Frank Grunert, Berlin: Duncker & Humblot 2005.

Schopenhauer, Arthur *Über die vierfache Wurzel des Satzes vom zureichenden Grunde: Eine philosophische Abhandlung,* Zweite, sehr verbesserte und beträchtlich vermehrte Auflage, Frankfurt a. M. 1847.（アルトゥール・ショーペンハウアー『哲学の再構築——『充足根拠律の四方向に分岐した根について』（第一版）訳解』齋藤智志・高橋陽一郎・臼杵悦生・鎌田康男訳，法政大学出版局，2010 年）

Schulz, Walter, *Die Vollendung des Deutschen Idealismus in der Spätphilosophie Schellings*, Stuttgart: Kohlhammer 1955.

Siep, Ludwig, *Praktische Philosophie im Deutschen Idealismus*, Frankfurt a. M. : Suhrkamp, 1992.

Städtler, Michael, *Die Freiheit der Reflexion: Zum Zusammenhang der praktischen mit der theoretischen Philosophie bei Hegel, Thomas von Aquin und Aristoteles*, “Hegel-Forschungen”, Hrsg. von Andreas Arnt, Karol Bal und Henning Ottmann, Berlin: Akademie, 2003.

Rie Shibuya, *Individualität und Selbstheit: Schellings Weg zur Selbstbildung der Persönlichkeit (1801-1810)*, Paderborn: Ferdinand Schöningh, 2005.

Wenz, Gunther, *Hegels Freund und Schillers Beistand: Friedrich Immanuel Niethammer (1766-1848)*, Göttingen: Vandenhoeck & Ruprecht, 2008.

Zöllner, Johann Friedrich, Ist es rathsam, das Ehebündniß nicht ferner durch die Religion zu sanciren? , In: *Berlinische Monatsschrift*, Bd. 2 (1783).

Historisches Wörterbuch der Philosophie, Joachim Ritter, Karlfried Gründer und Gottfried Gabriel (Hrsg.), 13 Bände, Basel: Schwabe 1971-2007.

アントワーヌ・フェーブル『エゾテリスム思想——西洋隠秘学の系譜』田中義廣訳，白水社，1995 年

『アリストテレス全集 12 形而上学』出隆訳，岩波書店，1968 年

『西洋古典叢書　アリストテレス　政治学』牛田徳子訳，京都大学学術出版会，2001 年

小田部胤久「『美的なもの』と『学問的なもの』あるいは『公教的なもの』と『秘教的なもの』——『美的哲学』の成立と解体」，『美学藝術学研究』第 17/18 号，東京大学美学藝術学研究室編，1998/99 年

加藤尚武『ヘーゲル哲学の形成と原理』未来社，1980 年

金子茂「解説 バゼドウと『新教育者たち』の活動について」，『世界教育学選集 49 バゼド

ウ，トラップ 国家と学校』明治図書，1975 年
曽田長人『人文主義と国民形成――19 世紀ドイツの古典教養』知泉書館，2005 年
高橋里美「ヘーゲルの弁証法の論理的構造に関する考察並びに批判」（1931 年），『高橋里美全集 第三巻 時間・歴史および弁証法』福村出版，1973 年
廣川洋一『プラトンの学園 アカデメイア』岩波書店，1980 年
廣松渉『弁証法の論理』青土社，1989 年

阿部　ふく子（あべ・ふくこ）

1981年生まれ。新潟大学人文学部卒業。東北大学大学院文学研究科博士後期課程修了。博士（文学）。新潟大学人文学部准教授（西洋近代哲学担当）。
〔主要業績〕『生の倫理と世界の論理』（共著，東北大学出版会，2015年），『人文学と制度』（共著，未來社，2013年），『ヘーゲル体系の見直し』（共著，理想社，2010年），ヴァルター・イェシュケ『ヘーゲルハンドブック』（共訳，知泉書館，2016年）ほか。

〈新潟大学人文学部研究叢書　14〉

〔思弁の律動〕　ISBN978-4-86285-270-0

2018年3月25日　第1刷印刷
2018年3月30日　第1刷発行

著　者　阿　部　ふ　く　子
発行者　小　山　光　夫
製　版　ジ　ャ　ッ　ト

発行所　〒113-0033 東京都文京区本郷1-13-2
電話03（3814）6161 振替00120-6-117170
http://www.chisen.co.jp
株式会社 知泉書館

Printed in Japan　印刷・製本／藤原印刷

新潟大学人文学部研究叢書の
刊行にあたって

社会が高度化し，複雑化すればするほど，明快な語り口で未来社会を描く智が求められます。しかしその明快さは，地道な，地をはうような研究の蓄積によってしか生まれないでしょう。であれば，わたしたちは，これまで培った知の体系を総結集して，持続可能な社会を模索する協同の船を運航する努力を着実に続けるしかありません。

わたしたち新潟大学人文学部の教員は，これまで様々な研究に取り組む中で，今日の時代が求めている役割を果たすべく努力してきました。このたび刊行にこぎつけた「人文学部研究叢書」シリーズも，このような課題に応えるための一環として位置づけられています。人文学部が蓄積してきた多彩で豊かな研究の実績をふまえつつ，研究の成果を読者に提供することを目ざしています。

人文学部は，人文科学の伝統を継承しながら，21世紀の地球社会をリードしうる先端的研究までを視野におさめた幅広い充実した教育研究を行ってきました。哲学・史学・文学を柱とした人文科学の分野を基盤としながら，文献研究をはじめ実験やフィールドワーク，コンピュータ科学やサブカルチャーの分析を含む新しい研究方法を積極的に取り入れた教育研究拠点としての活動を続けています。

人文学部では，2004年4月に国立大学法人新潟大学となると同時に，四つの基軸となる研究分野を立ち上げました。人間行動研究，環日本海地域研究，テキスト論研究，比較メディア研究です。その具体的な研究成果は，学部の紀要である『人文科学研究』をはじめ各種の報告書や学術雑誌等に公表されつつあります。また活動概要は，人文学部のWebページ等に随時紹介しております。

このような日常的研究活動のなかで得られた豊かな果実は，大学内はもとより，社会や，さらには世界で共有されることが望ましいでしょう。この叢書が，そのようなものとして広く受け入れられることを心から願っています。

2006年3月

新潟大学人文学部長
芳 井 研 一